旨いものはうまい

新装版

吉田健一

ハルキ文庫

角川春樹事務所

新装版　旨いものはうまい◉目次

I

美味求真

II 酒と人生

III 旅の食物誌

Ⅳ

女房コック論

I

美味求真

食物の美

見た眼《め》に綺麗《きれい》だから旨《うま》いとは限らないことは言ふまでもない。併《しか》しいつも不思議に思ふのは、婦人雑誌のグラビアなどに料理の写真が出てゐるのが如何《いか》にも綺麗であるのみならず、旨さうに感じられることで、さういふ時は旨いのと綺麗であることの間に何か関係があるのかも知れないといふ気がする。尤《もつと》も、これには直《す》ぐに注釈を付けなければならなくて、雑誌のグラビアは確かに綺麗で旨さうではあるが、これは洒落《しやれ》た家具を置いた室内などのグラビアと同じで何か技術的にそんな風に見えることになるのであり、かういふ室内だとか、料理とかいふものは実在しない。紙の艶《つや》がさうした錯覚を生じるのかも知れない。併し錯覚でも、綺麗に見えるものが同時に旨さうに感じられるならば、旨くて綺麗なものは少くとも、あり得ないのではないといふことが考へられる。

といふのも、旨くない食べものが綺麗に見えても、何にもならないからである。又、旨くなくて綺麗に見えるだけの食べものならば幾らでもあつて、お正月や婚礼の時の料理に出る色を付けた蒲鉾《かまぼこ》など、そのいい例である。どうも、生地が綺麗なのが料理では本当に綺麗なのだといふことになるやうで、それならば、河豚《ふぐ》の刺身が直ぐに頭に浮ぶ。河豚だけの問題ではないが、その刺身が透き通つて光つてゐるのが赤絵か何かの大皿に並べてあるのは壮観で、日本料理では美しいものの一つに違ひない。この場合は、味も外観に伴ふものであるやうで、透き通つて光つてゐる具合が眼を驚かすのに比例して河豚の味もいい。その聯想《れんさう》から、伊勢海老《えび》の牡丹《ぼたん》作りといふものもあつて、何もそんなことをしなくても伊勢海老の新しいのを刺身にしたのは旨いが、それが牡丹の花の恰好《かつかう》に作られて皿に盛つてあるのは、これも見事なものである。併しそんなことばかり考へてゐると、見た眼の効果の方が先になつて、肝腎《かんじん》の味がどこかへ行つてしまふことにもなる。

要するに、食べものは旨ければいいので、その外観は実際には大して問題ではないのだといふことを忘れてはならない。烏賊《いか》の黒作りといふものがあつて、これは烏賊の墨も一緒に混ぜた烏賊の塩辛であるが、義理にも綺麗などとは言へなくて、床に落ちてゐたりしたらもつと積極的に汚い感じがするに違ひない。併し烏賊の塩辛はこれに限るので、見た眼にはもつとお上品な、墨を取つてしまつた普通の烏賊の塩辛はこれに遠く及ばない。生《なま》雲丹《うに》は日本でも、西洋でも食べて、旨いものであるが、これも余り綺麗な感じがするものではないし、他のこれに似た食べものではこのわた、生牡蠣《なまがき》、或《あるい》は各種の魚の白子など、外観に構つてゐては食べられない。そして食べなければ、損をする。又食べてゐれば、直ぐに馴《な》れるもので、或る種の食べものが如何にも汚く見えるといふのは、主にこの馴れ、不馴れの問題であるらしい。その上に、ただ汚くはないといふだけでなしに、綺麗に見えるものを求めるならば、食べものの種類も限定されて来ることを覚悟しなければならない。如何にも美しいといふ感じがするものに、支那で上等な鱸《すずき》を形容して使ふ巨口細鱗《きよこうさいりん》といふ言葉がある。鱸を取れたままの姿で見たことがないので解《わか》らないが、大きな銀色をした魚がそこにあるといふ気持にはなつて、尤も、これは料理する前の話だから、食べものの美しさの中には入らないかも知れない。その点、料理をするものはその結果をただ食べるだけの我々よりも色々なものを見てゐる訳で、例へば、子豚も歩き廻《まは》つてゐる様子が可愛《かはい》いから、これを丸焼きにしたら旨いだらうと判断したりすることも想像される。この辺で話を日本料理から西洋料理に移すと（何《い》れは又戻つて来ることになるだらうが）、子豚の丸焼きといふのは見た眼に別にどうといふものではない。併し可愛い子豚だつたので、食べても旨いといふことは充分に考へられて、英国の小説で登場人物の一人が朝、ベエコンを食べながら、これはどうも仕合せに一生を送つた豚らしいと言つてゐる所があつたのを覚えてゐる。

西洋料理で出て来るものを綺麗と感じたり、汚いと思つたりするのも、一つは前に触れた馴れの問題であるやうで、牛肉の塊を英国風に焼いたのなど、昔の日本人ならば、ただ呆《あき》れるだけだつたかも知れないが、この牛肉を焼いたのの上等なのは、それを幾枚にも切り分ける前も、後も、確かに眼にとつても魅力がある。併しここに一つの問題が生じるので、その塊、或は切り分けた一枚一枚に惹《ひ》かれるのが、経験でそれがどんな味がするか知つてゐるからか、或は純粋に視覚的にそれを美しいと見るのかは、これはどつちとも言ひ難い。直接に火に当つた外側の所は、その焼け方がその味を思はせずには置かないもので、それとは別にそれが美しいものかどうかは美術評論家にでも、その際には食慾《しよくよく》の方は完全に抑へて、決めて貰《もら》ふ他ない。ここにもう一つ、問題が出て来て、一般に美といふものは、何か前にいいことがあつたのでその聯想から美であるのだらうか。随分これは、面倒なことである。尤も、カントは我々が自分のものにしようとは思はない天上の星は美しいと言つてゐる。

併しここでは、食べものの話をしてゐるのである。子豚の丸焼きのことを書いたが、聞いたことしかない南米の牛の丸焼きは、美学的な見地からすればどうだらうと、大したものであることが想像されて、これ程、人間の食慾を満してくれるものならば、それが美であつてもよささうな気がする。もつと規模を小さくした所で、鶏の丸焼きが大皿に各種の添へものに囲まれて載つてゐるのは、これにも或る程度の聯想が働いてゐるとして、そのほんのり焦げた皮に包まれてゐる具合など、美観であることが多い。七面鳥に就《つい》ても同じである筈《はず》であるが、これは相当な料理人が作つたのでない限り、味も素つ気もない鳥で、そのことが頭にあるから、綺麗だと感じたりする前に、七面鳥かと思つてしまふ。食べものはまづければ駄目だといふ鉄則がそこにあつて、まづいと解つてゐながら、綺麗も汚いもない。さう言へば、これは西洋風の婚礼の料理に出る伊勢海老を焼いたのにマヨネエズが掛つてゐて、その上にオリイヴだか何だかを花の恰好に切つて置いたりしたのなど、外観だけはそんなに悪いものではない。併しこれは、先《ま》づ大概の場合、まづい。

尤も、味と外観が全く関係がない訳でもないので、それを示すものにマアマレエドがある。例の、柑橘類《かんきつるい》の皮を使つたジャムで、誰でも知つてゐるものであるが、これは勿論《もちろん》、苦味が勝つてゐるものの方が甘つたるいのよりも遥《はる》かに旨くて、その違ひは色を見れば直ぐ解る。この頃は甘つたるいのが普通のやうで、薄い黄色をしたさういふ一般向きのものならば、どこでも売つてゐる。併し苦くて旨いのは、これは確かに美しい暗褐色をしてゐて、この色のものならば間違ひない。さう言へば（マアマレエドの本場は英国である）、英国の朝の食事はなかなか見た眼に綺麗なもので、マアマレエドの色、バタの黄金色、卵の白、ベエコンの海老茶などが瀬戸物の茶器の色に加つて、何か派手な感じがする。前に、河豚の刺身とそれを並べた皿のことを言つたが、食べものといふのはどうもその入れものと切り離せないやうで、西洋料理でも、銀、稀《まれ》には金、それから瀬戸物の各種の食器が料理と一緒になつて、これを別々に考へることは難しい。

例へば、これも前に挙げた鶏の丸焼きでも、或は鮭《さけ》や鱒《ます》を一匹、まるごと料理したのでも、これが銀の大皿に載つて芹《せり》の緑などで囲まれてゐることで一層引き立つて見える。その点は日本料理の方が更に発達してゐるかも知れなくて、大体、日本料理は眼も喜ばせる食べものが多いが、入れものにも趣向が凝《こら》してあつて、乾山《けんざん》の鉢を見てそれに盛る料理を考へる料理人もゐる。日本料理の方がではなくて、一つの膳《ぜん》に載せた食事を視覚的にも充分に満足出来るものにする工夫の点では、日本料理は世界で最も発達したものではないだらうか。その講釈を聞いてゐると、煩《うる》さくなる位である。併しただ食べるだけのことの為《ため》にも、それまでに念を入れるに至つた文明が如何に豊かなものであるかといふことは考へて見ていい。余裕がなければ出来ないことで、ここで言つてゐるのは、精神の余裕のことである。それをなくしたのを自慢にしてゐるといふのは情ない。

　併しながら、繰り返して言ふやうに、そしてこれは日本料理でも、食べものは旨いことが第一であつて、それがどんな風に見えるかは二の次の問題であり、この二つが一致すればいいが、一致しなければ、旨い方を取る他ないし、又、一致しない場合がどうも多いやうである。勿論、これは何も、見た眼に汚らしい感じがするといふのではないので、寧《むし》ろ、美醜の点からすれば、どうといふことはないのだと言ふべきかも知れない。併しさういふのに旨いものが多くて、例へば、おでんである。あの煮染《にし》めた色や、見馴れた恰好は、美学的にはどういふことになるのか解らないが、兎《と》に角《かく》、旨い。又、旨いおでん程、がんもだとか、ふくろだとか、蒟蒻《こんにゃく》だとか、大根だとかがただぐつぐつと湯気が立つ鍋《なべ》の中で煮えてゐるだけで、その幾つかを掬《すく》ひ上げて入れて貰ふ皿にも、大して工夫の余地はないやうである。そんなことを考へる暇もない味がする。

焼き鳥、粕汁《かすじる》、かやく飯、或は鰻《うなぎ》、鰌《どぢやう》、鰯《いわし》などの蒲焼《かばや》き、と頭に浮ぶままに食べて旨いものを並べて行つて、これは美と称するに足ると思はれるものに出会はない。西洋でもそのやうで、蝸牛《かたつむり》の焼いたのは、眼が馴れるまでに時間が掛る。鷸《しぎ》をまるごと焼いて頭も付いてゐるのは、その頭が殊に旨い料理であるが、これは絵に書いて楽めるやうなものではない。フォア・グラ、といふのは、鵞《が》鳥の肝《てう》を特殊な具合に処理した、柔いチイズに似た外観のものも、食べると何か天国にでも来たかといふ感じがしても、見た所は、つまり、柔いチイズである。そのチイズに何十種類、何百種類あるか解らないが、例へば、英国のマアマレエドがいい色をしてゐるから旨いといふやうなのはない。併し旨さうな色をしてゐるといふのはあつて、ここにも、美学的に言つて或は面白いのかも知れない問題がある。といふのは、旨さうに見えるからそれは我々に快感を覚えさせるが、それ故にそれを美しいと考へていいのだらうか。

この、美しいかどうかははつきりしなくて、確かに旨さうに見える料理の典型は支那料理である。支那では、入れものに凝るといふこともないやうで、あの見事な陶器も食事には余り使はれないらしい。「金瓶梅《きんぺいばい》」などの御馳走《ごちそう》が出て来る場面を読んでも、御馳走そのもののことは細々と書いてあるが、それがどんな器に盛つてあつたかといふ風なことには殆《ほとん》ど触れてない。その代りに、支那料理は見ただけで食べたくなる。我々が何か食べたいと思ふ時、例へば、牛、豚、羊、犢《こうし》、鶏、家鴨《あひる》などの肉を焼いて切つたのとか、煮て切つたのとか、揚げたのとか、焼き肉の塊とか、或は澄し汁、どろつとした汁、肉の塊の表面に滲《にじ》み出た汁などの、食べものに就て色々な観念が頭にあつて、その一つでも実際に眼の前に現れれば、何か食べたかつた気持が一層強くなる。この他にも、茹《ゆ》で卵の白身が光つてゐるとか、焼き魚の皮の照りとか、或は色々な豆類が料理されて出た時のその恰好とか、我々を視覚的に食べたくさせるものは幾らでもあるが、支那料理といふのは、その全部を取り揃《そろ》へて食卓に並べて見せるやうな仕組みになつてゐる。「金瓶梅」にかういふ一節がある。

画童がテーブルを出して食事の用意に取りかかれば、書童が漆塗《うるしぬり》の四角い盆につまみものを四皿持って来ましたが、これはどれも内外に模様のあるりっぱな小皿で、一皿はおいしい茄子《なす》の香料漬、一皿は諸国産のあま味噌《みそ》、一皿は香ばしい蜜柑《みかん》の味噌漬、一皿は紅《あか》いたけのこの粕漬、それから次は料理が四碗で、一碗は羊の頭の丸焼、一碗は焼家鴨の塩煮、一碗は白菜に餛飩《ワンタン》をいれたたまごの吸物、一碗は挽肉《ひきにく》を入れた山芋の団子、そして上手と下手に金の箸《はし》と小楊枝《ようじ》を一揃いずつ置き、伯爵の前には新米のご飯が一皿、西門慶の前には香ばしい粳《うるち》のお粥《かゆ》が一鉢。（小野忍氏訳）

西門慶といふ大金持にしては簡単なこの食事でも、香ばしい蜜柑の味噌漬けとか、挽き肉を入れた山芋の団子とか、我々が曾《かつ》て聞いたこともない食べものが、実際に眼の前にある感じがして、大体、支那料理で我々が食べるものの殆ど凡《すべ》てが我々にとつては得体が知れないものなのであるが、この「金瓶梅」の一節と同様、我々は運び出されたものの外観を信じて、食べて見るとその通り、旨い。流石《さすが》は美食家の支那人であつて、食べものに就ての一切の規準は、食べて旨いかどうかといふことだけに即したもののやうであり、豚の足でも、羊の頭でも、或は鶏の足の爪《つめ》でも、気味が悪いとか、不体裁だとかいふ無駄な観念は全部捨てて、旨ければいいではないかといふ態度で行くから、それで例へば、蜜柑の味噌漬けなどといふ、まだ食べたことはなくても恐らくは傑作に違ひないものがそこから生れ、この見地からすれば、といふのは、ただこの見地のみからすれば、支那料理は世界一なのである。

と言つて、美観の方はどうか解らないことは既に書いた通りで、そのことの序《つい》でにここで或る別な種類の美観に触れて置きたい。何料理といふのでもないので、つまり、今日の日本で料理といふことで通つてゐるものに就てなのであるが、初めに挙げた雑誌のグラビアなどにもそれが出てゐることがある。何料理と限らないので、見てゐると如何にも綺麗な感じがし、そのうちに、こんなものが食べられるものかといふ気がして来るのがそれで、これには今日用ゐられてゐる種類の食器も非常に関係があるやうに思はれる。その食器が先づ綺麗過ぎるので、原色の（つまり、間色ではない）プラスチックの椀だとか、皿だとかいふのは、グラビアなどに天然色で出せば効果があり、実際に卓子に置いて見ても、それだけでは別にどうといふこともないが、かういふのは少くとも、食べものを入れるのに使へるものではない。美学的にはどうだらうと、又、赤絵の大皿に並べた河豚の刺身のやうな特殊な場合を除けば、食べものといふのは概して余り映えない色をしてゐるものなのである。

つまり、我々にお馴染《なじ》みの地味な色の魚や、肉や、野菜は赤や緑の食器には合はないので、経済の方から言へば、既に手に入れてしまつた食器はこれから買ふ食べものよりも大事であるから、かういふ食器を使つてゐると、料理もさういふ赤や紫の入れもので我慢が出来る性質のものを作ることになる。例へば、茹で卵の白と黄とか、ハムの桃色とか、その他、原色か、原色に近い食べものは探せばあつて、殊《こと》にこの頃は製造元が絵具で塗つた食品を売りに出してゐるから、さういふのを買ひ集めるのに苦労することはない。それで、ハム・サラダだとか、人参《にんじん》の赤い色を利かしたシチュウだとか、グリン・ピイスを振り撒《ま》いたカレイライスだとかを自分の家でも食べることになつて、かういふものはまづいことはないし、確かに真赤な皿にはよく合つても、旨いことはない。つまり、お上品で、雑誌のグラビアになつて可笑《をか》しくないのであるが、我々人間は色を食べて生きてゐるのではないのである。

この傾向が家庭にだけ見られるものでないことは言ふまでもない。寧ろ、外の食堂などからそれが始つたことは当然、考へられることで、例へば、これは話が逆のやうに思はれるかも知れないが、この頃は親子丼《おやこどん》といふものがなくなつた。あの青や赤の極彩色の丼《どんぶり》に入つた丼の代りに、今はそれが漆塗りの重箱に詰めて持つて来られるので、極彩色が重箱になつたのは、原色を嫌つたのではなくて、赤や紫のプラスチックと同様に、この方がお上品だといふ観念からに違ひない。所が、親子のやうなものこそ、極彩色の丼に入れて出すと味が引き立つ。さういふ鳴りもの入りとでも言ふ他ない種類の食べものなので、この場合も食べものが体裁の犠牲になつてゐる。親子は重箱に詰められ、カレイライスは赤い皿に盛られて上から青いグリン・ピイスを振り撒かれ、バアベキュウとかいふものが流行して、これもそんな面倒なことをしてまで旨いものが食べたいのよりも、雑誌のグラビアが音頭を取つての、体裁の問題らしい。

ここで日本料理といふものが外観にも凝るといふことに就てもう一度考へて見ると、それは決してさういふ、赤いプラスチックに茹で卵の白と黄を配するといふやうなことではないことに気が付く。食べものの方が先なので、陶器でも、漆器でも、或は青竹でも、作つた料理の外観や感じから言つてそれが更に旨さうに見える入れものを工夫するので、乾山の鉢に盛る料理に頭を悩ますといふのも、その鉢に負けない料理を作るといふことであつて、それならば腕の振ひ甲斐《がひ》がある。家庭や街の中でまでキャンプ生活を続ける訳ではあるまいし、食器は軽便、扱ひ易《やす》いといふ風なことよりも、自分の生活の一隅に置いて飽きず、そして何よりも、それが食べものを入れるのに適してゐることが大事なのだといふ種類の、当り前な配慮がこの頃の食器には見られない。これは、食べもの自体に対する考へが凡《およ》そ粗末なものになつて来てゐることを示すものに違ひなくて、食べものにさへ興味がないといふのは何か薄ら寒い感じがする。

これも、美の問題とどういふ関係があるか解らないことであるが、ここで贅沢《ぜいたく》といふことに就て講釈するならば、贅沢が無駄を意味する限り、この頃の赤いプラスチックの色も、プラスチックで出来てゐることも贅沢である。色はその目的に添はず、プラスチックも食べものや飲みものの性質に反するものだからで、これに対して食べものや飲みものが旨いことを望むといふのは、これは今日のどういふ主義主張に即しても、少しも悪いことではないのではないだらうか。それよりも、今日だらうと、昔だらうと、旨い食べものを好むのは健康な人間にとつて当り前なことであつて、日本料理の粋を凝した趣向も、旨いものを旨く食べるといふただ一つのことに尽きる。そんなことに一向に興味がないといふのは、腹が減つたことが一度もありませんといふ告白なので、もしそれが本当ならば、全く結構な御身分であると言ふ他ない。空腹が食べものに繋《つな》がり、この二つの点を延長した先に日本料理や西洋料理、或は豪奢《がうしや》な支那料理、又それを取り巻く曰《いは》く因縁、故事来歴がある。

ここまで書いて来て、食べものの美といふのはその外観に止《とど》まらず、味にも及ぶものなのかも知れないといふことにやつと気が付いた。併し初めから書き直すにはもう遅くて、それに、せめて旨いものを食べてゐる時位、美などといふことは考へないでゐたいものである。

旨いもの

食道楽といふ言葉がある。併《しか》し食べるのが楽しくないといふのが既《すで》に可笑《をか》しいのである。例へば病気の時がさうで、いつも病気も同然の状態にある人間もゐるには違ひなくて現代に生きるものはそれが当り前だといふのでその種の人間が幾ら殖《ふ》えてもそれがやはり例外であることに変りはない。現代の人間はどうか知らないが大概のものは生きてゐることを喜ぶもので食べずにゐれば餓《う》ゑ死にするから食べるのは楽しいことに決つてゐる。これは食べる為《ため》にといふのが生きて行く為にといふのと同義語に用ゐられてゐることからも察せられて、それ故に食べものの旨《うま》さを考へ、食べて旨いものを探して廻《まは》つても食道楽とか食通とかの汚名を被《かうむ》る理由にならない。

尤《もつと》も、それに就《つい》てはかういふことがあつて昔の武士は質素を標榜《へうばう》したから旨いものを食べるのを美食と称して排する傾きがあつた。例へば直江《なほえ》兼続《かねつぐ》に或る時誰かが飯と蓼《たで》と塩だけで朝の食事をしたと言つて自慢した所が兼続は蓼だけ余計ではないかと答へたさうである。併しここで兼続自身にとつて飯と塩だけの朝飯がどんなに旨かつたかといふことを考へなければこの話の味《あぢは》ひを尽したことにならない。もしその飯の炊き方が下手だつたならば兼続はこんな炊き方があるかと言つて自分でその手本を示したに違ひなくて、この辺から問題が美食と旨いものの二つに分れると見ることも出来る。一般に味覚といふものが人間も含めて凡《すべ》ての動物に与へられてゐるやうであるのは口に入れたものを呑《の》み下すことの損得に就ての判断に資する為と考へられるが、もしそれで旨いものは先《ま》づ体にいいものであるならば何かを旨いと思ふのは生きる喜びに繫《つなが》ることであり、旨いものをまづくして食べることはないのみならず旨いものはこの喜びを通して精神にとつてもいいに違ひない。それでその意味から旨いものを探して廻るといふ理窟《りくつ》だつて付けられる。

併し旨いもの、又旨いと思ふことがそれ程のものである時それを自分の家を出て求めなければならないのでは単なる美食になる。勿論《もちろん》それを自分の家に、又生活に求めるのは分に応じてである他ないが、その点に就ては直江家の米の飯がどんな味がしたかを改めて考へればいい。いつも食べるものがまづくて偶《たま》に御馳走《ごちそう》を食べに出掛けるといふやうなことは味覚の方が承知しなくて退化し、そんな日々を送つてゐる人間の精神状態も思ひやられる。例へばパンといふものがあつてパン食のものが旨いパンを求め、まづいパンしか手に入らなければこれをなるべく旨くして食べる方法を考へるのは当り前であり、需要と供給のことを考へる時に戦後にパンが急激にまづくなつたことは一般の好みが旨いものから言はば美食に転じた印と見ることが許される。その戦後のパンは一体に白くて甘くて焼きが足りなくて匂《にほ》ひがない。先づ菓子パンと言つた風な代物で、そのことから今度は美食といふことに話を持つて行つてもいい。

菓子パン程度のパンで我慢してゐられるのは食べものなんかといふ人間の基本に反する考へ方をしてゐるか、でなければ御馳走は出掛けた時に食べて埋め合せをする積《つも》りでゐるからでこれもそれまで我慢してゐることが出来る点でやはり食べものに実際には余り興味がないことになる。何《いづ》れの場合もどこか不具の感じで気の毒な話であるが、さういふ不具も御馳走といふ言葉があつてそれを人が使ふのであるから自分もと思つて行き着く所が美食である。もし旨いもまづいも自分にとつてさう関心がないことならば何かそれに就て食《しよく》慾《よく》以外の基準が必要になる。これを生きて行く慾望以外のと言ひ換へてもいいのであるが暫《しば》くそれは伏せて置いて、そんなに自分では食べたくもないものを食べる時の選択の目安になるものと言へば例へばその中に値段といふことがある。これも乱暴な話であつて自分はどうでもよくても多勢のものが欲しがれば値段も上るだらうから高いものならば旨いのだらうといふ考へで、その実例があるのだから仕方がない。

今日の日本で洋食、少くともフランス料理などといふ名称で通る種類の洋食が法外に高いのはその原料が輸入されるからといふやうなことではなくて洋食の原料でも日本で出来るものが一番旨いのに決つてゐる。併し戦後にさうした洋食といふのが洒落《しやれ》たものであることになつて、その上にまだ材料が整はない時代に洋食屋を始めるのに或る程度の値段を料理に付けなければやつて行けないから比較的に高いといふ条件が加り、洒落てゐて高いのが客を呼ぶことが解《わか》ればどんな店でももう後に引くことは出来ない。ただ他所《よそ》に負けずに材料を手に入れる為にも高くしなければならず、高くする程客が来るならば値段は上るばかりである。もし材料の出どころだけから言へば日本で一番高くていいのが支那料理、次に若干の調味料の点で洋食、そして一番安いのが日本料理であるが、二、三の例外を除いて支那料理がそんなでもないのは洒落てゐるといふ俗説が値段を上げる口実になるといふことがなかつたからであると思はれる。

旨いものに就て書くことになれば先づさういふ例へば西洋料理屋の名前を挙げてそこでは何をどうしたものがといふ風なことを並べるのがこの頃では定石になつてゐる。併しそれが旨いものであるものかといふのがこれを書いてゐる趣旨であるのみならず、それをやると実際に旨い店の迷惑になるといふことでもう一つの美食の基準に就て語ることになる。前に洒落てゐるといふことを言つたが、これは結局は流行に属することで流行も基準になる。それは値段が高いこと以上かも知れなくて値段はただ漠然と他のものもそれだけの金を払つてゐるのだらうと想像するだけであるのに対して流行ははつきりどこの店がいいと教へてくれる。そしてこの頃は食味評論家といふものがあつてどことどこの店と書き、さうでなくても店の名前が何かの拍子に活字になるとどういふことになるかと言ふと忽《たちま》ちそこに美食を求めるものが押し寄せて真面目《まじめ》な店の主人ならば当惑し、多少おつちよこちよいな所があるものならば増築したり支店を出したりし始めて出すものの味が落ち、その店は結局は潰《つぶ》れたのと同じことになる。

これが美食といふもので、大して欲しくもないものに高い金を払ひ、或《あるい》は苦労して遠くまで行き、それで旨かつたのかどうかもよく解らずに出て来るのだから昔の武士に美食家と軽蔑《けいべつ》されても仕方がないのみならず、その論理は今日でも通用する。併しそれならば旨いものが食べたくて高い値段の西洋料理屋に行くといふやうなことがないかと言へば必ずしもないとは限らない。もし三度三度の食事が旨ければ味の上で好奇心を起すのは当然で、何かと食べ漁《あさ》り、又これを家で験《ため》してゐるうちには各種の便宜の点で料理屋でしか食べられないものもあることが解り、それが食べたくなればそれがある店に行く他ない。その時に金が掛るのは自動車を買つたりするよりはまだしも気が利いてゐる。又その方面での知識が増すのが悪い訳がなくて、それでも食べものなんかに就ての知識ならばといふ抗議に対して前に言つたことをもう一度繰り返すことはない。或はこの頃は食べものよりも自動車の方が大事だと思つてゐる人間がゐるのだらうか。それで事故が起きる。

併し料理屋で食べるのでも旨いものが食べたいからであるとなるとどうしても自分でさういふ店を探す他ない。何か旨さうな話が雑誌その他に出てゐるのが頼りにならないことも前に言つた通りである。従つて同じ理窟から所謂《いはゆる》、名店街で売つてゐるものは凡てまづいと決めて構はなくて旨いものが食べたければさういふ名店街風の場所に行く道も封じられてゐる。ただ運と根気に任せて探す他なくて、例へば幾軒もの支那蕎麦屋《そば》でワンタンと言へばただうどん粉をこねてびらびらしたものが汁に浮いてゐるのを出されてゐるうちに忽然《こつぜん》と或《あ》る日偶然に入つた店でワンタンを頼み、支那式に肉が一杯詰めてあつて所謂、餃子《ギョーザ》をもう少し小さくしたやうなものが所狭しと丼《どんぶり》に盛つてあるのを持つて来られるといふ具合のことになる。実際にさういふ店を一軒知つてゐるが、これも前に挙げた理由でその名をここで書くことは控へる。この次に行つた時にそこのワンタンがただ申し訳に挽《ひ》き肉の一粒か二粒かをうどん粉にあしらつたものになつてゐては困る。

ワンタンのやうに作るのに比較的に簡単なものでもそんな風であるからもつと手が込んだ例へばフランス料理といふ種類のものになると更に運と根気が必要になつて来る。勿論そこに運が働くのであるから幸運であればいきなりどこかへ行つてそこが旨いといふこともあり得る。併し確率から言つて名が知れたホテルの食堂ならばそこの料理がフランス風で相当に旨い筈《はず》だと思つても、もしそこが世界的に名が知れてゐて外国のお上りさんが集るやうなホテルであるならばそこの料理も客の口に合せて作つたものになることを免れず、そこで偉い人が結婚披露をやるからと言つて旨いものが食べられるとは限らない。又それと同時に知られた所だからまづいといふ訳でもなくて、それだから自分で行つて見る他ないのである。これも名前は挙げられないが、或る港町にホテルがあつてそこに泊つて朝になつて部屋で朝の食事に出来るものの表を見てゐると二日酔ひでも、或は余りひどい二日酔ひをしてゐなければ夢心地に誘はれる。又注文して部屋まで持つて来て貰《もら》ふものが思つた通りなのであるからこたへられない。

又これは別な海に注ぐ川を少し川上まで行つた所にある町の話であるが、その町にやはり名が知れた旅館があつてそこで朝の食事と言ふのか、兎《と》に角《かく》朝運んで来てくれるものもそのどれもが旨いものの上の部に入る。そこは日本風の旅館なので朝から酒が飲めてそれに付けて出す肴《さかな》がかなり最近までは一々聞かなければ何なのか解らなかつた。ただ旨いことだけがはつきりしてゐるだけなのである。例へばその辺の海で取れる一種の小さな蟹《かに》をまるごと使つた塩辛があつて、初めはそれが鶫《つぐみ》がまだ禁鳥でなかつた頃に漬けたものかと思つたが、その年数はそれ位たつてゐても蟹だつた。又それを入れた香合《かうがふ》のやうな瀬戸物も眼が自然にその方に行く趣があつた。実はそれを褒《ほ》めて持つて帰らせて貰ひたくて、その前にそこでやはり朝出されたおちよこを褒めた所が今は三つしか残つてゐない古《こ》九《く》谷《たに》の一組の一つと教へられたのを思ひ出して止《や》めたのだつた。あの手の瀬戸物で食べられないのは残念である。

さう言へば食器は食べもののうちに入らないのだらうか。例へば日本料理は見るものなどといふことを言ふが、話を洋食に戻して、西洋料理でもその味が食器に多分に左右されて、ここで一番簡単な例を言ふとカレイライスといふのは上等な皿に御飯を盛つて脇に銀器にでも注いだカレイを付けて出されたりするとまづくなる。これは親子丼が丼あつてのものでそれがこの頃のやうに親子重箱になればつまらないのと同じで、それだから名が知れたホテルの食堂などでカレイライスを注文するものではない。それに合つた野暮《やぼ》つたい食器がさういふ所にはないか、或はない筈だからである。又例へば西洋料理も上等なものになればなる程それを食べる器具に多少の重みがあつた方がよくて、それでスウプを掬《すく》ひ取る大匙《おほさじ》がスウプの入れものと同様に銀か何かで出来てゐれば掻《か》き混ぜるとごりごりと音がしさうでスウプも旨さうに感じられて来る。併し食器のこともそこまで行くと書くのが面倒臭くなる。

この頃はさういふ手間の問題もあるのか所謂、立食式の会が多い。或は寧《むし》ろさういふ式の会ばかりだとも言へて、これは給仕も大体の所はただ飲みものを持つて廻ればいいのであるから労働力の点でも今日の各種の条件に合つてゐることになる。それで客は自分で料理が並んでゐる卓子の所に行つて好きなものを取つて食べる訳であるが、この頃のさうした会で見る料理のやうに山海の珍味といふ言葉がそのまま当て嵌《はま》るものはない感じがする。例へば氷が大きな白鳥の形に彫刻してあつてその所どころの窪《くぼ》みにカヴィアが適宜に盛り付けてあり、レモンを切つたのがその下の皿に一列に並び、その脇には鵞《が》鳥《てう》を丸焼きにしたのがあつて全身が刺身大の切れ端に切り分けてあつて林檎《りんご》のソオスがそれこそ銀の入れものから幾らでも掬ひ取れる仕組みになつてゐるといふ具合である。それに段々御馳走になつて行く傾向があるからそのうちに同じ風に捌《さば》き易《やす》くした牛が一頭丸焼きになつて出たりするかも知れない。その時は西洋山葵《わさび》を削つたのを薔薇《ばら》の花の形にでもこねて一面にあしらつたらどうだらうか。

さういふ大物は別として、かういふ会で皿にずらりと並べてあつて一口で食べられる程の色々な小さなものが如何《いか》にも旨さうに見える。その分量に作つた各種のパイは勿論のこと、パンの一切れづつに珍味を盛り上げたものもあり、肉その他を焼いて串《くし》に刺したのもあり、鮭《さけ》の半生の燻製《くんせい》、一腿《ひともも》まるごとになつたハム、揚げもの、酢のもの、鵞鳥の肝をシャンパンに漬けて練つたもの、豚の足、鶏の尻尾《しつぽ》と今まで行つた会で覚えてゐるものだけでもその位はある。又これは家で夜食などに食べるのにも絶好のものばかりで、それが外国ならば御馳走屋と称する店であれを一ダアスとかこれを何グラムとか言つて買つて来られるのだらうが、ここの所まだ日本では立食式の会に行かなければ先づ見ることがない。それでいつも思ふのは昔の日本の宴会で客が食べ残した料理を折り詰めにして客に持たせて帰したやうにあの山海の珍味を別に予《あらかじ》め少しづつボオル紙の箱か何かに取り分けて置いて客が帰る時に渡したらいいといふことで、ただそんなことをすれば又恐しく手間が掛ることになる。

それにあの料理の山に今に至るまでまだ一度も手を付けたことがないのをいつも残念に思つてゐる。これは偏《ひとへ》にさういふ会の性質上、自分の廻りのどこを見ても知つてゐる人がゐて飲みながら話を始めるからそれに加へて食べてゐる暇がないからに他ならない。併しその為にそこに出てゐる料理が旨いかどうかもまだ実際に験したことがないのであるが、それに就ては旨いものを見て旨さうなことが解らないならばまだ本当に旨いものに親しんでゐないのだといふことが言へる。尤も、これは負け惜みかも知れない。例へば塩辛といふものを最初に見た時は何だか気味が悪くて、これは見た眼の問題ではないが、チイズの匂ひに辟易《へきえき》したこともあつた。併しそんなことはどうでもよくて、我々が食べるものが我々にとつて旨い限り死ぬ心配はない筈である。

美味求真

先《ま》づ食べたいと思ふことが第一であつて、その上で食べたものにどういふ真実があることが解《わか》るかはその時次第であると見なければならない。それに就《つい》て一つ間違ひなく解ることは空腹で何か食べるのはいいことだといふことで或《あるい》はこれに優《まさ》る真実はないかも知れない。我々は伊達《だて》にものを食べるのではないのである。併《しか》しそれで気が付くのは何かが旨《うま》いといふのがただの味覚上の気迷ひ、或は洗練ではなくて丁度食べることで餓死するのを免れるのと同様に旨い味がするといふのがその限りでは体のどういふ条件にかに適《かな》つてゐることを示すものだといふことで、それでここで面倒なことは飛ばして言へば結局は再び食《しょく》慾《よく》の問題に戻つて来る。実にさうなのであつて、従《すべ》つて旨いものを食べ飽きてそれがまづくなるのではなくて必要もないのに食べるものは凡てまづいのである。それを他のものが食べれば旨いのはその人間にとつてはそれが体の条件に合つてゐるからであり、かうして普遍的に誰が食べても旨いものなどといふものはない。

併し食べて旨い味がする条件が揃《そろ》つてゐてこれに適つた食べものがあればそれは必ず旨

い。併しこれも要求が先になければならないといふことになつて所謂《いはゆる》、御馳走《ごちそう》に対して我々が警戒していいのはこの要求の点が無視されて幾つかのものが御馳走と決められて御馳走は旨いものであることになつてゐる為である。それで宴会料理といふもののまづさの説明が付く。その形で出されるものは金も掛り、板前も腕を振つた結果であるかも知れなくても宴会といふのが何か食べたりするのに適してゐなくて食べたくもないのに義理で食べるのであるからそれは旨い訳がない。従つて勿論《もちろん》これは宴会にもよるので食べることに一心になつてゐる点で気が合つてゐるならば何十人集つて盛大な宴会を開いてもそこで食べるものは旨いに違ひない。或はさういふことになつて始めて味のよし悪《あ》しを言ふ余地が出来るので、その時にどれだけそこに集つたものの体の条件に合つてゐるかでそのよし悪しが決る。

そしてその条件が人によつて違ふといふことはない。それでものの味の基準といふものが一応は出来上るので所謂、特異体質でなければ人間の体の構造は先づ一定してゐてどういふものをどんな風にしたのがその体にとつて必要であるかといふことも人間であればさう変りはしないからその必要に答へるものが本当の意味での御馳走になる。尤《もつと》も余りに凝つた味でといふことはある。併しこれは食べるといふ大事なことをするのに興味を持たず、又その為に食べたものを旨いと思ふ経験にも乏しくて実際に味覚が発達する余地を与へられてゐない人間の話で、それを口腹の慾に恬澹《てんたん》であると言へば体裁がよくても食べなければ人間は死ぬのであることを思ふならば食べるものの味も解らないといふのは余り名誉なことではない。さういふ人間が栄養などといふことを言ふ。併しその栄養といふのは食べることで人間が生気を取り戻す一聯《いちれん》の根本的な作業の或《あ》る一つの面だけを取り上げてのものなので、それがさうでないと思ふものは栄養一点張りで三度三度の食事をして見るといいのである。そのうちには食べてゐるものが鼻に付くやうになる。

或は或る種の食べものに馴《な》れてゐないのでその味に親めないといふことも勿論ある。併しこれは食べること自体に関心がないので味覚が発達してゐないのと同じことで結局は何《いづ》れもその馴れてゐないといふことに帰し、それでこれは馴れればすむことである。一体に誰の味覚でもさうして発達するのだと考へる他ない。例へば我々は子供の時に親子丼、或は三色アイスクリイムを食べてこんなものがあるだらうかと思ひ、これはその味を知るといふことで三色アイスクリイムの次に何が来るのでもその味に向つて三色アイスクリイムの味が導き、その味も知ることになつて人間を喜ばせる食べものの味は千変万化であるからかうして食べものの味の世界が開けて行く。その果てにその食通とかいふものになるのだらうか。これは併し一考を要することであつて、そこで道を一つ踏み違へれば何か食べるのは体の為に栄養を取ることと心得てゐる人間と大差ないことになり、つまり振り出しに戻る。

食通といふのは食べものにどうのかうのと難癖《なんくせ》を付ける人間のことを言ふ。それで親子丼でも三色アイスクリイムでもなくなり、或はそれが親子丼でも三色アイスクリイムでもない何か恐しくいぢけたものに変り、食通は一応は発達してゐる筈《はず》のその味覚をその上にも発達させるやうなものでなければ満足しない。併しもともと親子丼を旨いと思ふのはそれがまづいのに旨いと勘違ひするのではなくて実際に旨いから旨いのであり、それに刺戟《しげき》されてもつと凝つた味のものも旨いと思ふやうになることでもし親子丼がまづくなるならば味覚の方が途中でどうかしたのである。つまりは病的になつたのだとでも言ふ他なくて味といふもの自体、味覚の働き方そのものが親子丼と蕗《ふき》の薹《たう》で違ふ訳がないのであるから親子丼がまづくなつた時は断食でも何でもして食べる必要が生じた時に親子丼が再び旨くなる工夫をしなければならない。さうでないと本式に食通といふ不具になる。

自分の味覚が健全であるかないか験《ため》す間違ひがない方法が一つあつて、それは何かと食べものの味を楽むやうになつてから汽車の弁当を買つてこれに例へば子供の時に感じたのと同じ魅力を感じるかどうか蓋《ふた》を開けて食べて見ることである。併し味覚が健全なもの、食慾が旺盛《わうせい》なものならば感じるかどうかなどと勿体《もつたい》振る必要もなくて汽車が駅に止つた時に買ふものが弁当であることを知つてゐる。その上で明石の鯛《たひ》と言ふものは信用出来る。

普通の食べもの

渋いといふことは、着物や住居に就《つい》て言ふのなら解《わか》るが、食べものの場合はどうなのだらうと思ふことがある。食べものが文字通りに渋い味がするといふのは、勿論《もちろん》、どうにもならないもので、まだ渋が抜いてない柿《かき》位まづいものは世の中にさう沢山はない。我々が我々であることに適してゐるなどといふものではとてもなくて、従つてなほ更、食べもので所謂《いはゆる》、渋い好みに相当するのは何だらうといふことになる。御馳走《ごちそう》は言はば、他所《よそ》行きの衣裳《いしやう》で、残飯や御飯に塩を掛けただけなのは粗末な食事に過ぎず、実にその人間らしい取り合せでこつちも釣り込まれて食べたくなるといふやうなものではない。

それでこれを一度、着物や住居の問題に戻して、そこから出直すならば、当り前なことをしてゐてそれが如何《いか》にも自然に見えるので、却《かへ》つて引き立つといふ意味では、食べものでは何が普通かといふことも一つの手掛りである。その点、今日の日本では基準の上で一種の混乱があつて、需要と供給の関係が凡《すべ》て変つてしまつたのにも拘《かか》らず、まだ米と梅干し以外のものは贅沢《ぜいたく》、といふのは、御馳走だといふ観念が人の頭に残つてゐて、肉を毎週買ひに来るのを肉屋の方で不思議に思つたりする。所が、実際には誰も御飯と梅干しで食事などしてゐないので（と言へば、自分は毎日さうしてゐると反対する人間が現れるに違ひないが）、朝はパンにバタ、昼はお惣菜《そうざい》屋のコロッケが三つで晩はラアメンでごまかして置くといふ風なことをしてゐる勤め人も珍しくなくなつてゐる。併《しか》しかうした誰にでも出来ることが、分類の上ではやはり御馳走、或《あるい》は少くとも、誰もが食べる常食ではないものになつてゐるから、我々が普通に食べるのが何かを先《ま》づ決めることも難しい。

そこへ行くと、例へば英国などでは肉が主食でそれに野菜が付くのが食事の一般の観念でもあり、そして又実行もされてゐるから、澄しのスウプに鶏の焼いたのにじやが芋のサラダ、それからリュバアブの甘煮にチイズといふ種類の献立が別に贅沢ではないし、そして作り方と場所によつては、その時の気分にしつくりして、渋い食事になる。併しかういふことに外国の話を持ち出しても仕方がないので、考へて見ると、この鶏を焼いたのやじやが芋のサラダに相当するものが日本にはない。勿論、日本で料理の技術が発達してゐることは英国の比ではなくて、合鴨《あひがも》のロオスやぬたを挙げなくても、ロオスト・チキンでも、ポテト・サラダでも、その辺の食堂やラヂオの料理講座に凝つてゐる家庭に行けば何でもなく食べられる。併しそれ程当り前でも、これは食堂で出す料理、或はラヂオでわざわざ放送するに足るものであつて、例へば、嫁に行く娘に母親が教へるといふやうなものではない。

つまり、洋食は凡て御馳走だといふ観念もまだ残つてゐるのである。そしてそれはそれで構はないが、我々はカレイライスを食べても、趣向を変へてオムライスにしても、それは凡て御馳走であり、本当の食べものは他にあるのだといふ考へが振り切れずにゐるから、自分が食べてゐるものを真面目《まじめ》に受け取ることが出来ないし、又さうしたくても、洋食がこれ程普及してゐるにも拘らず、まだその尺度になるものが実際には欠けてゐる。その証拠に、牛肉はどこへ行つてもただロオスとか、ヒレとかの牛肉であつて、その上に旨《うま》い牛肉といふ考へは肉屋にもない。野菜も同様で、バタはマアガリンでなければいいことになつてゐる。そしてそれを言ひ出せば、洋食よりも寧《むし》ろ地道な食べものと考へられてゐるらしい米、味噌《みそ》、醤油《しやうゆ》、或は又、漬けものの類《たぐひ》までが、今日では旨いことを望むのが既に贅沢である一種の規格品に似たものになつてゐることに気が付く。

口に旨いものは何でも贅沢だといふ克己心が我々には伝統的にあつて、それが御飯と梅干し以外のものは凡て御馳走だといふ考へと一緒になつて働いてゐるのだらうか。又その他に、戦争の影響も無視してはならない。米はまだ配給であつて、それ故に味などは問題になるものではないし、かうして規格品が配給されるのが二十年も続いてゐれば、米がどんな味がするかを忘れてしまつたもの、或は初めから知らないものも今では少くないに違ひない。そして基本である筈《はず》の米がさうなのだから、他の食料品も統制が撤廃された今日、やはり規格品並の味で通つてゐるとも考へられる。渋い食べもののことから話が大分遠くなつたが、日本にゐて日本のものを食べてゐるのだから仕方がないことで、さうすると渋い食べものどころか、我々は毎日、一体何を食べて暮してゐるのだらうと、その方も簡単には答へられないことが解る。そして我々は日本に住んでゐるのであるから、それでは寂しい訳である。

もう一つ、我々に寂しい思ひをさせてゐるのは、戦前までは御飯に梅干しといふ極端な考へ方さへしなければ、別に御馳走にはなつてゐない季節の食べものがあつて、冬は鰤《ぶり》、夏になり掛けた頃に鰹《かつを》、秋は秋刀魚《さんま》に松茸《まつたけ》といふ風に、その日その日の食事を楽ませてくれたのに、戦争中は勿論、戦後も引き続きそれがないことである。さういふものが出廻《でまは》る順序までが、何故か解らないが、狂つてしまつたやうで、松茸は値段までが御馳走並になつたし、秋刀魚や鰹は冬でも、春でも、偶《たま》にある時しかない。需要の問題もあるかも知れなくて、肉屋が驚いても何でも、皆が魚よりも肉食が好きになれば、漁師は例へば鰹を売れない惣菜用よりも缶詰工場に廻すといふこともあるに違ひない。そして猪《いのしし》よりも豚の方が文化的だなどと思ふ人間が殖えて来たと考へる時、冬が来て肉屋が「山くぢら」の立て看板を出さないのも、必ずしも猪が減つたからではないことが納得出来る。

さうして見ると、要するに、現在の日本では今までの食べものの観念が通用しなくなつてゐて、御飯と梅干しだの、秋になれば秋刀魚が食べられたのは、もう大分前に過ぎ去つた時代の無駄な穀だといふことになりはしないだらうか。そしてそれに代る通念と呼ぶに足るものはまだ出来てゐなくて、もし何かあるとすれば、旨いものは凡て贅沢だといふ親譲りの貧乏人根性位なものである。これも全く根拠がないことであるのが解つてゐるのだから、序《つい》でに捨ててしまつた方がよささうである。或はもつと積極的に考へて、捨てなければならない理由があり、さういふ根性を立て通してゐれば、それとは別に今度は、味覚がどうのかうのといふ事態が発生する。これは既に起つてゐることで、鯛《たひ》とか、鮪《まぐろ》とか聞くと、もう顔をしかめに掛る人間がまだゐるかと思ふと、蕨《わらび》は首陽山《しゆやうざん》のに限るなどと言つたり、書いたりする人間が他所では結構幅を利かせてゐる。

そして旨いものを食べて喜ぶことは、この頃流行してゐる種類の味覚とは関係がない。ものを食べるといふことの性質を考へて見ればいいので、例へば着ものとか、家とかは一度手に入れればかなりの間持つから、自分はそんなものに興味がないといふ顔を大概の時はしてゐられる。つまり、雨風や寒さを凌《しの》ぐことで死なずにすんでゐるのでも、着ものを着て家の中に住んでゐるのがその為だといふことは忘れ勝ちで、毎日、食事をしてゐなければ確実に痩《や》せ衰へ、しまひには死ぬのと訳が違ふ。それも、普通は一日に三度も何か食べなければ生きてゐることに支障を来すので、病気か、或は寝巻きのまま焼け出されでもしない限り、我々が自分の体のことでゐても立つてもゐられない思ひをするのは、食べものを廻《めぐ》つてだけである。そして充分に食べてゐるさへすれば、裸でも或《あ》る程度までは寒さが凌げるのであるから、食べるといふことが我々にとつて如何に根本的に必要な行為であるかが解る。

従つて、食べものに就て上品振るのには誰にも越えることが許されない限界があり、腹一杯食べるといふのがどういふことか心得てもゐなければ、また実際にやつて見たこともない人間が言ふ趣味だとか、味覚だとかを信用することは出来ない。といふのは、それ程我々にとつて必要なことであるだけ、食べるといふのは下品なことにもなつて、人間がものを食べずにゐられたらと思ふ気取り屋も決して少くないことが想像される。そして食べものに就ては趣味人である人間もそれと大して変りはないので、味覚のことを言ふのが流行して困るのは、今までは普通に食事をすることと御馳走を引き離してゐたのと同じ距離が、今度はただ食べるのと味覚の間に置かれることになることである。それで味覚が食べる行為と区別され、食べるのには味覚を働かさなければならないといふ解り切つたことが凡《およ》そ訳が解らない論理に仕立てられ、食事の時間が待ち遠しいといふ当り前なことが、それだけ昔よりも意地悪な条件で、下品だといふことで片付けられる。

我々がものを食べる時は、先づ無念無想でなければならない。といふのは、さうならざるを得ないので、空つぽになつた胃袋に温い食物が送り込まれて来るのに、趣味人の講釈などを聞く暇はないのである。そこにも我々が捨てなければならない迷信があつて、我々の食慾が満された後、それではもう一皿何かといふ時になつて始めて味覚の話も面白くなる。所が、趣味人の方は最初からその一皿であり、腹が減つたらばどうするのか知らないが、一般の状況から察して、さういふのには胃弱の人間が多いのではないか、といふことが考へられる。そして生憎《あいにく》のことに、胃弱で沢山食べられないといふことは食べること、殊《こと》に沢山食べるのは下品だといふ観念とも一致して、食べたくても食べられない人間が食べもの、ではなくて、味覚の話をするのが傾聴されるのだから、たまつたものではない。それは寧ろ、医者の領分に属することなのである。

それで、我々が気兼ねしないで日頃付き合つてゐる普通の食べものといふのは何かを、もう一度考へて見る。少くともはつきりしてゐることは、もしその品数が多くて、我々がそれだけ安定した生活をしてゐるならば、その為にその材料や前に挙げた調味料が今よりももつと精選されたものになつてゐる筈だといふことで、人間が食べもののことに熱心であれば、さうならざるを得ない。或はその意味で普通の食べものが幾らもあり、材料も揃《そろ》つてゐるのは、現在の日本では東京を除いてどこでものことかも知れない。例へば、瀬戸内海の魚は誰でも思ひ付くことであるが、瀬戸内海の沿岸に住んでゐる人間が魚ばかり食べて暮してゐる訳ではない。大阪にはかやく飯があり、粕汁《かすじる》があつて、それを東京では庶民的な食べものと呼んでゐる。かういふ言葉を使ふことが、食べものといふ簡単なことに就てさへも投げやりであることの証拠なので、庶民とか庶民的とかいふ言葉が出掛つた時は、さういふ自分は何なのか考へて見るべきである。

封建制度が確立してゐて、庶民の上には士《さむらひ》があり、士の上には公卿《くぎやう》があるならば、庶民といふ言葉も意味がある。従つて御馳走や普通の食べものの観念もその階級によつて違つて来る訳であるが、今の時代に庶民といふ言葉を使つて自分が何かその外にゐる存在であるやうなことを言ふのは、そんなものはないだけに、ただ滑稽《こっけい》でしかない。従つて又、庶民といふものも実在しないのである。総括して民衆と称すればいい訳であつて、それに、カレイライスとオムライスでその日を過してゐる人間が何がかやく飯と粕汁を食べてゐる人間よりも上なのだらうか。事実は逆なのであつて、ここに普通の食べものと、普通でも、御馳走でも、贅沢でもない東京人の食べものの違ひがある（その東京人は、食生活といふ風なことも言つてゐる）。これで漸《やうや》く普通の食べものといふことに就て、一つの手掛りが得られたことになる。

かやく飯や粕汁は御馳走ではなくて、それでは何だか解らないといふあやふやな気持で作れるものでもない。それを食べたい人間が作るもので、オムライスといふ、これこそ得体が知れないものは別として、カレイライスもそれを食べたい人間に食べさせられる旨いものであることもある。併しそれに必要な料理法も、調味料もまだ充分には行き渡つてゐなくて、それでも体裁だけのことなら誰にでも出来るから、これは却つて粗製濫造の料理の標本になり、他の料理もその程度ですむと思ふ悪い癖を人に付ける。カレイライスでなくても、本当は御飯を炊くのでも、御飯が好きであつて始めて炊けるのである。我々が普通に食べてゐるものはそれだけ我々にとつて親みがある筈であつて、始終のことならば、そこに工夫も加り、さういふ人間が多ければ、それが目指す材料も手に入り易《やす》くなつて、かうして御馳走でも、御飯と梅干し以外の意味では贅沢でもない、普通に旨い食べものが簡単に作られることになる。

一つには、東京に住んでゐる人間が日本の各地からの寄せ集めであつて、土着の料理が発達しないといふことがある。或は、昔は発達してゐたのかも知れないが、それが他所から入つて来る人間の数に圧倒されて、東京で作られる唯一の信用出来る食べものだつた海苔《のり》も、いいものは今日では一種の贅沢品になり掛けてゐる。それで結論を言つてしまへば、今の東京には普通に食べられるものが何もないので、それならば、我々が東京に腰を落ち着けて生活することでそれを新たに作り出さなければならない。それには、今まであつたものにこだはる必要もなくて、例へば、神戸で一番旨い、従つて恐らくは最も普及してゐる食べものはパンである。或は肉を取つて見ても、東京には松阪の牛肉を看板にしてゐる料理屋が沢山あるが、我々が本当に肉が好きになれば松阪のでなくても、もつと旨いのが近所の肉屋から手に入るやうになるに違ひない。

併し今の状態では、まだ渋い食べものに就て考へる余地はない。それでいつそのこと、話を外国に持つて行つてしまへば、プルニエがパリで一流の料理屋であることは誰でも知つてゐる。併しプルニエでも、牡蠣《かき》が出廻つてゐる時にそれだけ食べれば、兎《と》に角《かく》、東京の一流の店で取る料金の十分の一にもならない。そしてパリの百貨店の売子がプルニエに生牡蠣だけを食べに行く。これなどは渋い食べものの一例と言へるだらうか。

当て外れ

今から思ふと、食べもののことや酒を飲む話を書き始めたのは、かういふものを書いてゐれば誰からも尊敬されたりする心配はないし、その上に満腹感だとか、二日酔ひだとか、人に軽蔑《けいべつ》される筈《はず》のことなら、それを承知で誰にも気兼ねしないで本音が吐けると考へてのことだつたやうである。人類を愛し、国聯《こくれん》に関心を持つといふ風なことを並べれば、直《す》ぐに人類を愛して国聯に関心を持つ人間に祭り上げられさうで、こつちの方でもそれだけの覚悟をして掛らなければならないが、フランネルを十日ばかり酢に漬けて置いて、胡麻《ごま》の油で揚げたのは実に旨《うま》い、あれを一反か二反、食べたいものだといふ種類のことは、こつちが言ひたいことを言つて原稿料を稼ぐだけですむと計算したのだつた。それに、人間には苦悩に就《つい》て書きたい本能があるらしくて、ベエトオヴェンも苦悩なら、食べ過ぎの二日酔ひ、或《あるい》は二日か三日、何も食べずにゐるのも苦悩である。嘘《うそ》だと思ふならば、一度やつて見るといい。

大体さういふことで、滑り出しは悪くなかつたが、そのうちに食べものや酒のことでも、問屋が何かと厄介な存在であることが解《わか》つて来た。その一例に、昔は酒飲みのことを飲み助とか、のんべえとか言つて真面目《まじめ》な人間と区別し、酒も飲まず、煙草《タバコ》も吸はずを婿選びの条件にした位だつたから、こつちも天下晴れて好きなだけ飲んでゐられたのに、この頃は飲み助を酒豪などと呼び、飲み助の番付けを作つて配つたりするから、酒のこともうつかり書けない。初めのうちはいいが、それが度重なれば、これも酒豪の一人だといふことになつて、番付けに載せられるかも知れないし、酒のことと初めから断つて原稿の注文が来たりする。それでもうこつちは酒豪であり、酒通であつて、座談会に引つ張り出されて専門家に、フィンランドのウイスキイに関する御意見は、などと聞かれ、知らないと答へると、謙遜《けんそん》してゐるのだと思はれる。酒の記事ばかりを載せた雑誌があるに至つては、酒も遂《つひ》にこの頃流行の所謂《いはゆる》、趣味なるものの一つになつたことを認めざるを得ない。酒を飲むのがそんなに高尚で、人類を愛して国聯に関心を持つのに等しいことだらうか。

食べものに就ても同じで、といふことは改めて言ふまでもないかも知れない。「あまカラ」といふ雑誌があつて、これは前から愛読してゐるが、この雑誌が現在でも成功してゐる理由は、人間がものを食べずにはゐられない動物であることに着目し、素人の食ひしんばう、それも多くはものを書くのに馴《な》れてゐる文士が食べものに就て書いた記事を編輯《へんしふ》して一冊の雑誌を作つてゐる所にある。併《しか》し今でも、「あまカラ」と同じ四六判を横にした型の食べものの雑誌が恐らくは全国で五、六十種類も出てゐて、少しでも食べもののことに就て書いたことがある人間を食通に見立てては、酒の場合と同じく座談会をやつたり、意味が取り難い文章を綴《つづ》らせたりしてゐる。といふことは、ものを食べることも今日では趣味なのであつて、それに就て書いたり、人前で喋《しゃべ》つたりしなければならない。そしてさうなると、牛を一匹まるごと焼いて、これをソオスの樽《たる》に漬けて食べる話も、さう無邪気には書けなくなるのである。

併し酒や食べものの雑誌を出すのは、出す方の勝手であり、勝手に出した以上はその成功を祈る他ないので、問題は、実際はそんな所にはない。寧《むし》ろここで一種の、勘ぐりの精神とでも呼んだらばいいかも知れないものに就て考へて見たいので、これを普及させた責任の大部分は小説家にあるのではないかと思ふ。つまり、小説といふものは、例へば、久太郎といふ主人公が会社で半次といふ同僚と三田村水江といふやはり同僚のタイピストの取り合ひをして、久太郎の方が負けて会社からの帰りに新宿のおでん屋で自棄酒《やけざけ》を飲んだとか、或はもつと込み入つた筋でも、或は又、これよりももつと簡単なものでも、結局は、誰がいつどこでどんな風なことをしたかを、それが本当にあつたことのやうに語るのが目的になつてゐて、勿論《もちろん》、そのことに文句はない。併しかういふことは得てして、だからどうした、と反問する気を読者に起させ勝ちであり、読者の方もそれではつまらないから、久太郎、或は半次、或は又水江がしたこと、或はそれをしてゐる状態から、何か別な言外の意味を読み取らうと努める。

これが勘ぐりの精神であつて、批評家が読者に代つて何某といふ小説家の思想と称して振り廻《まは》すものが、その言外の意味に相当する。小説と、それを取り上げた批評家の場合はまだいいが、折角こつちが酒とか、食べものとかに就て真情を吐露したのを、読者がそんな風にひねくり出せば、二級酒の燗冷《かんざま》しもそれだけのことではなくなる。そして書いた方は酒豪に、又酒通に祭り上げられ、座談会に引つ張り出され、中世紀に見られる食生活の変遷に就て講演させられる日も遠くはない。万人、或は少くとも、隣のをつさんとともに酒を語らうと原稿用紙を拡《ひろ》げたことでも、これではどうにもならないのである。こつちが豚カツをお代りして食べたと書いたら、こつちが豚カツをお代りして食べたのであると、素直に受け取つて貰へると思つてゐた時代が懐しくなるばかりである。

作法無作法

酒

酒を飲み始めた頃、お銚子《てうし》から相手の盃に注《つ》ぐ時に、これが新しい銚子ならば先《ま》づ自分の盃に少しこぼしてから相手に注ぐのが本当だと教へられたことがある。何故さうするのか、ごみでも浮いてゐたら、それを先にこつちの盃に取る為《ため》なのかも知れないが、これを実行してゐる人はこの頃余り見受けない。だから自分でもやつたり、やらなかつたりである。葡萄酒《ぶだうしゅ》ならば勿論《もちろん》、新しい壜《びん》をその度毎に開けるので、それを先づ自分のグラスに注がせる。これはごみ除《よ》けよりも、味を見て、まづければ別なのと取り換へさせる為である。

併《しか》しこれだつて、必ずしも行はれてゐる訳ではない。主人がその時の酒に充分に自信があれば、そんなことをしなくてもいい訳である。それから、その葡萄酒が客の方がお土産に持つて来たものならば、それを主人の方が利き酒するといふのはどんなものか。そこまでは聞いて来なかつた。主人は、「勿論、」とか何とか言つて手を振つて、客のグラスに先に注がせるのかも知れない。客が飲んで見てまづければ、しまつた、と思つて、後は天気の話でもするのだらう。

ビイルは簡単である。レッテルを見れば味が解《わか》るやうなものだし、ビヤホオルに行けば初めからジョッキに注いで持つて来るから、ジョッキを上げてハイル・ヒットラアの出来損ひのやうな真似《まね》をすれば、それですむ。併しそれだけに、ビイルで付き合ふのはどうも何だかあつ気ない。本場のドイツまで行けば、きつと色々な規則があつてビイルの味をよくしてゐるのだらうが、こつちにゐて聞き得たビイルの飲み方は、ジョッキに蓋《ふた》が付いてゐる場合、飲んでから蓋を開けたままにしてゐてはいけないといふこと位なものである。ビイルが外の空気に触れると味が変るからでもあるが、それよりも相手にそれを見て取り越し苦労をさせるのは失礼だからといふことに違ひない。

何かと仕来《しきた》りがあつて、それで味の旨《うま》さを増すといふ見地からすれば、茶ノ湯などといふのは茶を旨く飲む為に考へ出されたものだといふことになる。或《あ》る茶人の話に、西洋では三度の食事をする時のテエブル・マナアとかいふものがあつて、日本だつて茶を飲んだり、食事をしたりする時の作法位あつて然《しか》るべきだといふのがあつたのをどこかで読んだことがある。併しそのテエブル・マナアとかいふのは、実際に三度の食事をする時の為に作られたもので、それがあつて助かるやうなものである。あの茶室なんかといふ妙ちきりんな建物が先づあつて、そこで懐石料理で客をする時にしか通用しない作法などとは訳が違ふ。

茶ノ湯はやはり、茶の凝つた飲み方と善意に解釈して置いた方が、誰にも傷が付かないですむ。併し凝つた酒の飲み方もないものだと思ふ。酒飲みは、薄茶は胃の負担を増すばかりだから、薄茶なんか飲まない。菓子も欲しくない。だから酒飲みは礼儀を知らないといふのなら、要するに、酔つ払はなけりやいいのだらう。茶人にした所で、茶に飲まれてしまつてゐるのは全く鼻持ちがならない。

飲み方

飲むのも食べるのと同じで、要するに、飲めばいいのである。ただ一つ、面倒なのは、食べてゐればそのうちに限度に達して、それでも食べれば気持が悪くなり、しまひに腹を壊すが、客に呼ばれてそれ程食べさせられるのは昔の正式の支那料理位なものであり、気持が悪くなるまで食べても別に他人に迷惑は掛らないのに対して、飲む方は、飲んでゐれば酔つて来ることである。

幾ら飲んでも酔はない豪のものならば、何も問題はない。併しこれを又別な面から見れば、折角飲んでも酔はないといふのも勿体《もつたい》ない話で、事実は、大概のものは引つきりなしに飲んでゐる間に酔つて来る。酒の功徳であると同時に、そこが注意を要する所なので、いい気持で酔つてゐるうちはいいが、それから訳が解らなくなり、意識がぼやけて来て、さうすると例へば、金槌《かなづち》を持ち出して来て皿を一枚一枚割つて打ち興じたり、虎《とら》が月に向つて吠《ほ》える真似をして大声で唸《うな》るのを続けたり、人の髪を摑《つか》んで抜けるかどうか験《ため》して見たりしても、もうそれを止める筈《はず》の自分といふものが、どこかに行つてゐなくなつてゐる。そしてかうなれば、他人には大迷惑で、殊に主人に対しては、謝るだけではすまない場合も生じて来る。昨晩は君ん所で酔つ払つて君の赤んぼの上に寝転つて殺してしまつたさうだね。すまなかつた。これも酒の上でのことなのだから許してくれ給《たま》へ、と言はうと思ふ頃には、もう刑事かお巡りが来てゐる筈である。赤んぼを殺せば過失致死罪、料理屋で皿割りをやれば損害賠償、といふ種類の結果を免れる為には、従つて、酔つても余り酔はない工夫が肝腎《かんじん》になる。

家で一升壜を空けてまだ頭がさうはつきりしてゐなくもない所まで行けば、先づどこへ行つても大丈夫と見ていいが、それでは友達は助かつても、家のものはやり切れないならば、外に飲みに行くことである。安い酒で少しも構はなくて、安い酒で鍛へて置けば、もつと上等な酒を飲んだ時にはなほ更楽で、変な酔ひ方をしないですむ。併しウイスキイで勉強して、ウイスキイよりもアルコオル度が低い日本酒の際に相手を飲み潰《つぶ》してくれませうなどといふ卑しい心を起してはならない。ウイスキイに馴《な》れたものには日本酒は水に近くて、水の積りで飲んでゐるうちに悪酔ひする。

その他、この頃は薬による飲み過ぎの予防法がある。メチオニンとビタミンを配合したものや、水酸化アルミニウムを使つたものの中には優秀なのがあつて、酒に強い人間でも、これを予《あらかじ》め服用して置いて損はしない。どうにもかうにも酒に勝てなくなつた時は、吐くといふ手がある。これをやると、二、三升飲んだ後でも頭がはつきりして、それから先の酒が旨くなり、顔面少しく蒼白《さうはく》、泰然自若、便所から戻つて来て、「時に、課長、」と会社にゐるのと少しも変らない声が出せる。そしてかういふ際には、酔つ払つてゐる男程、醜体に見えるものはない。といふ風な訳で、飲んでも飲んでも何となくいい気持になるばかりで、大きな声も出さず、皿も割らないのが、酒を飲むといふことなのである。

食べ方

客に呼ばれた時は、なるべく旺盛《わうせい》に食べた方がいい。モリエェルの喜劇に、けちん坊の男が客をして、客は十人でも、八人分の食べものがあれば十人でも食べられるから、八人分の用意をしろと召使に言ひ付ける所があるが、かういふのは例外として、普通は折角誰かに御馳走《ごちそう》するのならば、出したものは旨さうに一つ残らず食べて貰《もら》ひたいのが人情である。主人側の心理からすれば、お代りされるのは嬉《うれ》しいもので、そんなに沢山作つてなくて代りがなくても、さう言つて謝るのは決して不愉快なものではない。お気に召しまして結構だとか、今度はもつと作つて置きますだとかいふ訳で、客ものの味が解れば、自分も本当に御馳走を出したやうな感じになる。尤も、初めから高価なものと解つてゐる食べものは、相手が大金持でなければ遠慮するのが当り前な訳で、これを飲みもので言へば、シャンパンをジョッキで飲みたいなどといふ注文は主人に悪い。

併しシチュウがもつと欲しいとか、菜つ葉と揚げとこんにやくと人参《にんじん》を煮たのはもつとないかと申し出るのが悪いことではないのをここで強調したいのは、その反対を礼節と心得てゐる向きもあるやうだからである。一体、誰に対する礼節なのだらうか。食べないのはその家の主婦、或《あるい》は料理人の腕前を無言のうちにけなしてゐることなので、それを何かいいことに思ふのは、食べないのはお上品で、お上品はいいことだといふ甚だ飛躍が多いものの考へ方から来るものに違ひない。第一、お上品はいいことだといふのが疑問で、古今東西、現在から未来に掛けてまで、お上品が他人に愉快な印象を与へるといふことはあり得ない。これは自分に対する気取りに過ぎないのであつて、さういふお上品な客は何かに箸《はし》を付け、それに白胡麻《ごま》と黒胡麻を混ぜたのが振り掛けてある趣向を褒めて、そしてそれを全部は食べないで置く。食通であることはお上品であり、余りものを食べないのもお上品だと考へてゐるからである。そしてさういふ振舞ひを喜ぶのは自分だけである。

料理を綺麗《きれい》に、魚ならば骨だけを残して食べるのが礼儀であるのは、見た眼にどうといふことよりも、寧《むし》ろこのよく食べたといふことと関係があるのではないかと思ふ。相手が犬でも、皿に盛つてやつた食事を飯の最後の一粒まで平げてくれれば嬉しいのだから、まして客が鳥の骨、魚の骨、或は蠣《かき》の殻と食器だけを残して食べてくれれば、心暖まるものがあるのは当り前である。何か解つたやうなことを言つてくれるのも悪い気持はしないが、実際に食べてもくれなければ話にならない。そして解つたやうなことはさういつも言へるものではないから、兎《と》に角《かく》食べるのに限る。

ただ困るのは、飲む方に熱中すると、つい食べるのを忘れてしまふことである。これは酒が絶品であつて、どうにもならない場合もあるが、やはりそれでも主人側に対する礼儀として努めて食べた方がいい。酒だけ飲まれるのも寂しいもので、それに食べて置けば、翌日の二日酔ひの被害も少いのである。

三楽

昔の本に、君子に三楽ありとかや、といふ風な書き出しで始つてゐるのがあつたやうな気がする。それは兎《と》も角《かく》、この君子といふのは何のことか、よく解《わか》らない人種で、君子がすること、或《あるい》はしないことを幾ら並べられても、さういふことをする人間、或は、しない人間といふのがどういふものなのか、一向にはつきりしない。そしてその君子の三楽といふのも、塾を開いて弟子を教へることとか、後の二つは忘れたが、この一つの例を見ても解る通り、そんなことをしてどこが楽しいのか、もう一度、孟子だか誰だかに説明して貰《もら》ひたいものである。かういふことを言つた人間は、苦虫を嚙《か》み潰《つぶ》したやうな顔をしてゐたと思つて、先づ間違ひない。

楽みかどうか、当人に聞いて見なければ解らないさういふ楽みと比べれば、例へば、ものを食べる時は味も、歯触りもあるから、この方が遥《はる》かに頼りになる。それで、食べる楽みが一つ、序《つい》でに、飲む楽みでもう一つ、そして何も、昔の君子の真似《まね》をしてもう一つ、それも、もう一つだけといふことはない筈《はず》であるが、三つといふ数はどういふ訳か、我々人間にとつて魅力があるやうで、それでもう一つここで別な楽みを探さなければならない。それにどの楽みを選ばうと勝手であつても、その段になるとこれはなかなか難しいことで、困つてゐる人を助けることなどと言へば、言ふ前から凡《およ》そ嘘《うそ》つぱちな感じがするのを免れない。親に孝行をして、大学を優等で卒業した後に会社に入つて出世をして社長さんになること、では益々興醒《ますますきようざ》めである。それでいつそのこと、大嘘をついて、書く楽みとしたらどうだらうか。旨《うま》く行くかどうか知らないが、かうして三つ揃《そろ》つた所で、その一つ一つに就《つい》て書いて見ようかと思ふ。

食べる楽み

トオマス・ハアディイの小説に、と少し勿体《もつたい》振つて切り出すならば、その小説に、女の所に急に恋人がやつて来たのを女が責めて、楽みの半分は期待にあると言ふ所がある。食べるのも同じことで、天どんが好きなものは、明日は日曜だから天勝に天どんを食べに行きませうと思ひ、前の日から御飯の上に置かれた天麩羅《てんぷら》のころもの揚り具合や、御飯に染みた汁の色を胸に描いて、愈々《いよいよ》日曜になつて電車に乗つて出掛けて行き、先《ま》づ見本の蠟細《らふざい》工《く》か何かの天どんを眺めて、又少し実際に食べるのを延ばしてから、店に入つて天どんを注文して食べた方が、隣の天麩羅屋が間違つて届けて来たのを、折角だからといふので食べるのより楽みが多い。

どんなことでも事務的にやれば楽めないもので、食べるものでも、食べなければならないから食べたり、目の前に食べるものがあるから食べたりするのでは、充分にいい気持になるのは難しいのである。これには実例があつて、戦争中、何か食べられるものを売つてくれる食べもの屋を探して街をうろついてゐた時、全く偶然に、その日だけ営業してゐる天麩羅屋があつて、その券も旨く手に入れることが出来た（かういふことがあつてから後の時代に生れた人達の為《ため》にここで説明を加へると、当時は何にでも行列をして、行列に立つだけでいいのでは際限がないから、その前に券を配り、券が貰へた者だけが行列を作つて自分の順番が廻《まは》つて来るのを待つたのである）。そして番が来て天麩羅屋の中まで進んで見れば、本当にそこのおやぢさんが天麩羅の鍋《なべ》に向つて天麩羅を揚げては、揚つたのを皿に盛り分けてゐた。穴子《あなご》や、鱚《きす》や、烏賊《いか》があつた。代用品ばかりだつた時代に、これは一々、その本ものと注釈を付けなければならない、今ならば普通の、従つて、本ものの天麩羅で、つまり、これはそれから何日もの語り草になる、新聞記事でいふならば、一面トツプで扱ふのに価する事件だつたのである。

それだから、食べて見ても、もう忘れ掛けてゐた天麩羅といふものの味がしたが、それが案外なことに、行列で立つてゐる時に想像した程のものではなかつた。行列で立つてゐた時間が短過ぎたのであつて、当時の習慣で昆布茶にパンの一切れでも付けてくれる店がどこかにないかと思つてうろうろしてゐた際に、いきなり、天麩羅がありますと言はれても、体の細胞の方がさう簡単にそのやうな大御馳走《ごちそう》を受け入れる態勢に切り替へられるものではない。パンも貴重品だつたが、バタも何もなしで食べるパンを旨いと認めるやうに調節された舌は、その上に乗せられたのが天麩羅ではまごつく他ないのである。併《しか》しもしこれが前の日から解つてゐたことだつたらどうだつたらうと思ふと、残念になる。夢に天麩羅を見て、朝、出掛ける時から券が入るかどうかが心配になり、何だかんだとあつて、天麩羅が眼の前に現れてからも、穴子を先に食べるか、それとも烏賊にするかで、まだ箸《はし》を付けずに楽めたに違ひない。

それと同じ伝で、かういふ楽み方がある。英国にポオチド・エッグといふ卵の作り方があつて、これは煮立つてゐる湯に酢と塩を入れて卵を割つて落し、白身が固つて黄身がまだ固らないうちに掬《すく》ひ上げてトオストに載せただけのものであるが、卵は新しいのでなければならず、それも、どうもポオチド・エッグの卵は英国のに限るやうである。そしてトオストにするパンとバタは、これは英国のパンとバタでなければ絶対にどうにもならなくて、更にもう一つ注文を付けるならば、そのトオストもポオチド・エッグも、英国人が英国で作つたのでなければ本当の味が出ない。併しそれだけの条件が揃つたこの卵の作り方は非常に結構なものであつて、淡泊なのに豊かな重量があり、ヨットの帆や、光の加減で金色に光る落葉樹の森の緑を背景に浮び上らせて、それを食べるものが確かに英国に来てゐることを保証してくれる。

だから、これを楽むのには英国まで行かなければならない。そして英国は日本から遠くて、飛行機で二日だとか、三十六時間だとか言つても、その時間数で飛ぶ距離が大変なものであることは、着いてからの体の疲れではつきり感じられる。そこで仮に、ポオチド・エッグを食べに英国まで行けることになつた所を想像して見るといい。飛行機が羽田を立つて、それには勿論《もちろん》、英国の飛行機でなければポオチド・エッグの手前、都合が悪いから、英国人のスチュワアデスの英語で、これからマニラを通つて行きますとか何とか言ふのが飛行機の中の拡声器から聞えて来ると、もうそこにはポオチド・エッグの夢が半ば固り掛けてゐる。或は少くとも、ポオチド・エッグがその瞬間に意識の片隅に現れて、地中海にも負けない青い色をした海の上をヨットが走り、落葉樹の森が白い雲の下で輝く。マニラの飛行場のコオヒイがまづければ、英国のポオチド・エッグは旨いと思ひ、バンコックの街がごみごみしてゐるのを見ては、こんな所で食べるのはカレイライスで沢山だと諦《あきら》める。さうなれば、カルカツタも、ベイルウトも、英国のポオチド・エッグに近づく上での幾つかの段階に過ぎなくなる訳で、又、さういふものとして記憶に残る。恋人に会ひに行く時に他のことを何も思はなかつたら、それは頭がどうかしてゐるので、頭が一つの考へで纏《まと》められてゐれば、却《かへ》つて精神の働きが自由になり、色々なことを観察するものである。

そしてそのうちに飛行機はアルプスを越えて、やがて下界の景色が英国のになり、もう少したつて翌朝、目を覚してホテルの食堂に降りて行くと、献立にポオチド・エッグ・ウィズ・ベエコンと書いてある。尤《もつと》も、そのやうに勝手なことを想像することが出来るならば、わざわざ英国までもう一度、実際に出掛けて行かなくてもよささうなものであるが、それでは我々の胃袋が承知する訳がない。

飲む楽み

幾ら想像して見ても、実際に食べなければ意味がない、とまでは行かなくても、食べるのと比べればその十分の一も楽めないから、食べるといふことは頼りになるのであつて、これが政治とか、教育とかいふ高尚なものになると、決してそんな風なものではないことを指摘したりするよりも、ここに食べるのとその点では同じ飲む楽みがある。これも、飲まなければ始らないので、勿論、酒の話をして暇を潰すことも出来るが、酒に興味がある人間ならば、そのうちには飲みたくなつて、それでもまだ話だけが続いてゐる時の気持は全くどうにもなるものではない。先づ眼の前に酒があつて、それで酒の話も弾む。

併し飲む楽みには食べるのと違つて一人でも、人とでもいいといふ特典があるやうに思はれる。人と御馳走を食べるのも楽しいものであつて、だからこそ、御馳走したり御馳走になつたりする仕来《しきた》りがある訳なのであるが、どうも食べるのは、人と一緒にゐることを合せて楽みながらするのには手間が掛り過ぎる気がしてならない。このことはフォオクだの、ナイフだの、それもその幾種類もある西洋料理では殊にはつきりするので、日本風に生牡蠣《なまがき》や河豚《ふぐ》の刺身を平げてゐる分にはそれ程の不自由を感じなくても、鴨《かも》の脚を大皿から取つてナイフとフォオクでこれを切り分け、別の小皿のサラダも忘れずにゐまいとして、その上に両隣と卓子の向うの客と面白い話を続けるのも止《や》めたくないのでは、しまひには食べるのが面倒臭くなる。尤も、かういふことに馴《な》れた人間を見てゐると、別に話を跡切《とぎ》らせもせずに食べものを口に運んで、気が付いた時にはもう皿が空になつてゐる。不思議な技術であつて、これがいつまでたつても覚えられないのは、一つには歯が悪いせゐもあるに違ひない。

所が飲む時にはそれがない。西洋料理も多分にそれと一緒に飲む酒の問題であつて、その肴《さかな》だと思へば食べるのに手間が掛る料理も我慢出来るが、それでも大概の御馳走よりもその合間に飲む白や赤の葡萄酒《ぶだうしゆ》の方が旨い。飲む動作は造作がないといふことばかりでなくて、やはり味もかうして簡単に処理されるもの程、上なのではないかといふ気がする。それで、西洋料理でも料理は肴と見ていいやうで、何と言つても、本当に酒が旨くなるのは、食事がコオヒイまで行つて終り、かうして腹拵《はらごしら》へが出来て例へばブランデイとか、キルシュワッサアとかいふ強い酒を飲む時である。その前に食べて置かなければ、強い酒に対して体の調子が整はないから、幾皿も運ばれて来る料理もなくてはならない訳で、それからいい気持になり、その節、どういふ話をしたかは翌日になればもう覚えてゐないが、兎に角、愉快だつたといふ記憶は残つてゐる。

それで、前菜とスウプしか出さない料理屋はないものかと言つた外国人の友達があつたのは、あれは本音だつたと思ふ。前菜でやつてゐれば、食べる時は一口ながら、量はこつちの必要次第で、前菜には旨いものが出るのに決つてゐるから、酒の肴に申し分ない。そして魚や家禽《かきん》を使つた前菜で白葡萄酒を飲み、野鳥や牛肉ので赤葡萄酒に代れば、それが終つた頃には相当に食べたことになつてブランデイにでも、キルシュワッサアにでも移れる。所で、前菜とスウプだけと言へば、それは茶料理風の日本料理であつて、流石《さすが》は文明国だと思はずにはゐられない。それに又、どうして、どんな恵まれた条件によつてかういふものが出来たのか解らないが、日本酒はただ一種類しかなくて実に幾通りも酒の役をする。飲み出した時はシェリイで、暫《しば》くするとやはり白葡萄酒だと思ひ、それから一時は我を忘れて、口が苦くなるまで飲んでからの日本酒の味は、押しの強さではブランデイにも劣らない。茶料理で日本酒を飲んでゐれば、先づ酒飲みの天国ではないだらうか。

それで、面倒だから後は話を日本酒に限る。友達と飲み屋に行つて、お銚子《てうし》が前に置かれた時は、音楽会で楽団の指揮者が現れたやうなものである。と言つても、この頃の鮨詰《すしづ》めで鹿爪《しかつめ》らしい世界的に有名な楽団の音楽会とは意味が違つて、これからいい気持になれることが解つて安心する。或は寧《むし》ろ、その安心は、それから起ることに対してであるよりも、その時までの仕事や駈《か》けずり廻りが終つたことを、お銚子を見てはつきり感じることに起因してゐるので、そのうちにどつちからといふこともなしに、どつちかがお銚子を取り上げる。かういふ瞬間は得難いものであつて、その為に酒を飲むのだと思ひさへするが、凡《すべ》てこの世のいいものはさうなので、初めの調子が次のを呼び出し、お銚子を何本も代へて又頼むのも、それをする気持の為に酒を飲むのではないかと思ふ。又さうして心が落着いて来るから、隣に、或は卓子の向うで友達が飲んでゐることも温く受け入れられる。

つまり、そこに確かに相手がゐることが感じられるので、さうなると話も弾む代りに、酒と一緒に流れて行く。不思議なもので、その方が何か夢中になつて話をしてゐる時よりも色々と発見することになり、さういふことがあつても興奮しないで、酒が旨いのと同じ位普通のことに思つて飲んでゐられる。酒の功徳の一つは疲れを忘れさせて、その後でも疲れを覚えさせないことであり、それをいいことにして無駄に力を使つてはならない。酒が廻つてゐれば、ナイフとフォオクで鴨の脚の骨から肉を剝《は》がしたりするのは何でもないことである筈で、それでも酒の肴は凡て二本の箸で一口で簡単に片付けられるやうになつてゐる。相手と話をするのも同じことであつて、面倒な議論も酒の上でならば出来るが、それならばそれで飲む楽みは次回か、老後に廻す他ない。ピラミッドの奥の秘密を探つたり、黄河の水を揚子江に注ぐ計画を立てたりすることを酒席でしなくても、木乃伊《ミイラ》はその秘密を語り、煬帝《やうだい》の船は大運河を下つて行く。

これが食べものならば、そんな風にならないことは言ふまでもない。併しその上に、一人で何か旨いものを食べてゐると、手を動かしながら口を利かなければならない面倒も忘れて、誰か相手が欲しくなるものであるが、飲むのは一人でも充分に楽める。食べるのには限度があつても、飲む方はいつまでも続けられるといふこともあるだらうし、飲むのは食べるのと違つて我々の頭にも働き掛ける。我々が疲れを忘れれば、頭が働き出すのは当然であつて、その為に一人で飲んでゐると言つても、必ずしも一人でゐるのではない。誰だつたかが、人間はいつも未来か、過去のことを考へてゐて、現在に生きてゐることは余りないとどこかで書いてゐる通り、我々は現在、自分が置かれてゐる状態に縛られてはゐなくて、過去にも、未来にも道が開けてゐることは、つまりは一人でゐる訳ではないといふことにもなる。過去には死んだ親しい人達や、自分がした仕事があり、未来には、少くともその果てには静寂が我々を待つてゐる。そして酒を飲んでゐる時はあくせくとそんなことを考へてゐるのではなくて、我々は現在にも生きてゐる。文天祥《ぶんてんしやう》だつて、結構、独酌の境地にあつたかも知れないのである。

書く楽み

たうとう書く楽みになつてしまつた。併し初めに言つた通り、これは大嘘の皮であつて、書くのが楽みなら、文士といふ商売がやつて行ける訳がない。といふのは、確かにどこか少し可笑《をか》しいが、本当に書くのがいやになつて来ると、こんなひどいことを我々が人に代つてしてやるから、それでその為にお金が貰へて我々もどうにか食へるのだといふ気がすることさへある。嘘だと思ふなら、やつて見ろ。偶《たま》にテレビに引き出されたからと言つて、文士の生活は派手だなどと決めやがつてと、こつちは頭が既に少し変になつてゐるから、好きなことがお出来になつて、ほんとにお仕合せでございますわねえといふ風なことを、心得顔に並べる連中の顔が眼の前にちら付き、張り倒してやりたくなる。

併しこれも一つには、食ふのが目的で書くからだと反省することも忘れてはならない。それには原稿料が必要で、これを手に入れるのには、大概は先づ原稿を書いて渡すのが順序である。尤も、その前に貰ふことも出来ないことはないが、さうすれば、なほ更書かなければならなくなり、それをしないでゐると、その次からはなかなか原稿料が貰へない。それで、どつちにしても、これは無理にでも書くことであつて、この方が締切を守るのよりずつと辛《つら》いことは、原稿料が欲しかつた経験が少しでもあるものは皆知つてゐる。

例へば、今時そんなひどい原稿料は先づないだらうと思ふが、一枚百円で原稿料を原稿と引き換へに貰ふ約束をして、どうしても翌日中に一万円作らねばならないのならば、それまでに、といふのは、徹夜して百枚書く他ない。そしてそれは人間には出来ないことであるから、途中で心臓痲痺《まひ》を起して、午前三時頃に死んでしまふのである。動物愛護の精神から言つても、かういふことは許されるべきではない。

それで、さういふ極端なことは起り得なくても、三十枚とか、五十枚とかを一日で仕上げる位のことは、商売で書いてゐるうちには必ずあるので、その折に、書くといふのが如《い》何《か》にいやなことであるかが解り、やがては一枚書くのも、出来れば御免蒙《かうむ》りたくなる。併しそれでは食へないから、やはり書く。一枚書けばすむのならいい方で、一週間に百枚だの、一日に十五枚だの、色々あり、一日に十五枚は、まだ元気な間は大したことではないかも知れないが、一枚でも勘弁して貰ひたい境地を一度知つた後は、毎日、何枚か書いて百枚にするのなどは、ただもう重荷である。そしてそれでゐて、一日に三枚で三百回の連載をやつて下さいなどといふ注文があると、これで当分は食つて行けると思つて嬉《うれ》しくなるのだから、かういふ状態はどう考へたらいいのだらうか。よくまあ、生きてゐられるものである。そんなことを考へてゐると、ほんとにお仕合せでございますわねえが羨《うらやま》しくなる。

そして仮に金が、どういふ風の吹き廻しでか少し余分に入つて来ても、それで当分は書かずにゐられるといふものでもない。さうしてゐると、自分の名前が忘れられてしまつて、後の注文が来なくなるからなどといふのは流行作家の恐怖症に過ぎないが、金がない時に世話になつた編集者《へんしふ》が来て、何何に就て何枚と言へば、向うも商売で原稿を取つて歩いてゐるのは解つてゐるのだから、今は金が沢山あるから書きませんとも答へられない。又、国電に乗り、バスに乗り換へて、どこか他所にその原稿を頼みに行く苦労をさせない為にも、つい引き受けることになる。そのうちに締切が近づいて、向うは一度こつちに承諾させた強味でじやんじやん催促する。他の原稿は皆集りましたなどともいふ。そこで仕方なしに机に向つて、仮に状袋に三十万円の使ひ残しがまだ半分入つてゐても、九州の食べもので先づ挙げなければならないのは、海豚の塩焼きである、などと書き始める。それが、現代の女性は解放されてにやにやしてゐるのである、であつても、どれだけの違ひがあるだらうか。

併しかういふことを並べてゐては、切りがない。書く楽みの方に就て述べる筈だつたので、それで思ひ出したが、昔、「結婚十五の楽み」といふ題の古いフランスの本の訳が何かの雑誌に載つてゐたことがあつた。どういふ楽みが十五もあるのだらうと思つて読んで見た所が、それどころではない。かういふ辛いこともある、ああいふいやなこともあるで、つまり、結婚してひどい目に会つた男が腹癒《はらい》せに書いたものだつた。題の方は、ただ読者を釣る為のものだつたのである。故智《こち》に倣《なら》つてここでもものを書く悩みだけで押して行つておしまひにしてもいい訳かも知れないが、それも何だか気が引ける。その上に、書く商売がさういふ悲惨なものであることは皆知つてゐても、それでは、何故そんなことを始めたのかといふ問題が残る。尤も、強盗や放火魔も最初からさういふことをする積りはなかつたのだといふ説明も付くが、兎に角、よく考へて見ると、書く楽みといふものが全くないといふことはない。

その一つに、書くのが商売である時に、一日でも書かずにゐる楽みがある。これは、書くのが商売ではない人間には解らないことで、書く人間にとつて、この楽みの中でも最たるものは、旅行に出掛けることかも知れない。汽車に乗つたりしてどこかへ行く時間がある位ならば、それは仕事が片付いたか、或は暫くは延ばしてゐられることになつたことで、さうすると、ただそれだけのことの為に、何もかも、飲む酒も、目に触れる景色も、凡てが一新される。これは、汽車が動き出してからさうなるのではなくて、その日、目を覚した時からなので、この間、そんな訳で東京駅に行く途中、まだ早かつたから、懇意の料理屋さんに寄つた。そしていつもなら、先づビイルを頼む所を、どうしたことか、いきなり日本酒で飲み始めた。何故なのか、飲みながら考へて見たら、日本酒を飲む積りでゐる時に、それでも先づビイルをと思ふのは、あれは体が疲れてゐるからなのである。併し書く仕事がなくて、することと言へば、汽車に乗つて食堂車に通つてゐるうちに、どこか行く先に着くことだけならば、精神は子供の頃の若さに戻つてゐるから、酒の前にビイルなどといふことはない。その朝の酒は旨かつた。我々には滅多に朝酒を飲む余裕がないといふことも手伝つて、全く太陽を飲んでゐるやうだつた。あれで、よく汽車に間に合つたと思ふ。

だから、書く楽みにはさういふのがある。小原庄助さんになるのは申し分がないが、これも、初めから小原庄助さんならば、朝寝、朝酒、朝風呂で、その有難味がどこまで染みじみと味へるものか、多少の疑問を持つことが許される。併し文士がやがて、或は偶に、小原庄助さんになつたら、そこに豚に真珠といふ風な事態は絶対に生じないのである。朝寝は朝寝、朝風呂は朝風呂、そして上つて来てからベルを鳴らし、お酒に何か摘《つま》むものを、面倒だから、お酒は二、三本、一緒に持つて来て下さいと頼む。或は、宿屋の女中さんが付いてゐて、始終、お燗《かん》のし立てを持つて来てくれるのなら、なほいい。誰が原稿のことなんか考へるかといふのである。

II

酒と人生

酒と人生

　加賀の金沢の造り酒屋に行つた時、木を刳《く》り抜いて酒が丁度、一合入るやうになつてゐる朱塗りの、盃よりもお椀《わん》に近いものを見せてくれた。これには突き出た口が付いてゐて、そこから飲むのかと思ふが、それが取つ手なので、そこの所を持つて注《つ》いで貰《もら》つた酒を飲むのである。造り酒屋の店先で飲むのだから、お燗《かん》することは許されなくて、冷酒がこの朱塗りの椀一杯で五十円である。時代がたつてゐるので朱の色にも艶《つや》があつて、酒が入るとそれが一層よく光る。この頃は椀がもう大分なくなつて、一般にはガラスのコップで酒を出してゐるさうであるが、この朱塗りの椀で冷酒を飲みながら、酒を飲むといふのはかういふものだらうかと思つた。

　冷酒がいいといふのでは勿論《もちろん》ないので、飲んでゐる間は旨《うま》くても、冷酒は後で足が取られさうで何となく気が許せない。併《しか》し時代が付いた朱塗りの椀で冷酒を飲むのは、言はば、無駄なものがそこにかなりあつて、確かに酒を飲むならばガラスのコップでも、朱塗りの椀でも、別に違ひはなささうに思へる。それにこの朱塗りの入れものは金沢の造り酒屋にしかないので、さういふ風に考へて行くと、酒を飲むといふことそのものが既に相当な手間ではないかといふ感じがして来る。アルコオル分で大脳を痲痺《まひ》させるのが目的ならば、注射だけですむ筈《はず》であつて、飲むにしても、もつと合理的に酔はせて後で頭が重くなつたりしない薬品が実際に作られてゐるのではないだらうか。そしてそのやうに注射をしたり、薬を飲んだりしていい気持になることが出来れば、それは構はないかと言ふと、その結果がどんなものであつても、それは酒を飲んだことにはならない。もつとそこには無駄なものがなければならないのである。

だから、朱塗りの椀でその朱の艶を楽んだりするので、金沢まで行かなければさういふ椀がないならば、少くとも好きなおちよこを出して来てそれで飲むとか、どんなに近所でも、自分の家ではない飲み屋まで行くとか、そんな所から飲むといふことが始る。さういふ点から見れば、例へば葡萄酒《ぶだうしゆ》を一本開けるのにコルクの栓に栓抜きを注意して捩《ね》ぢ込んで、ゆつくり抜く仕事に掛る他ないのも、寧《むし》ろ酒を飲む楽みに加へられていいので、罎《びん》から水差しに注いで出すのは安酒に決つてゐるといふこととは別に、コルクの屑《くづ》が罎の中に落ちないやうに気を付けて栓抜きを動かし、次にこれをそろそろ引き抜くのは、さうして我々をその葡萄酒の味や匂《にほ》ひにそれだけ手間を取らせて近づけて、焦《あせ》つてがぶ飲みなどしたくても出来なくする為《ため》の手段と考へて差し支《つか》へない。そしてそこから話を更にもう一歩進めて言ふならば、それ故に酒を飲むのには、酔ふことさへ必要ではないのである。

大体、どこの酒でも、いい酒であればある程がぶ飲みするやうに出来てゐない。飲み難《にく》いといふのではなくて、酒は上等になるのに従つて味その他が真水に近くなり、それで球磨焼酎《くまぜうちう》をコップで飲んでぶつ倒れたりするのであるが、同時に、球磨焼酎でも、灘《なだ》、広島の酒でも、或《あるい》は一九四九年のシャトオ・グリュオオ・ラロオズでも、水に近いだけでなくて更にその他に何かがあり、分析すればこくだとか、匂いだとかになるその何かがむしやらに飲まうと逸《はや》る気を引き留める。本当に美しいものを前にした時、我々は先《ま》づ眼《め》を伏せるものである。酒にもそれと似た所があつて、水に近いまでに冴《さ》え返つたその正体がやがて味や匂ひなどに分れて行き、それをゆつくり楽まうと思へば、ゆつくりする他ない。そしてその間にも、余計な苦労をしない程度に酔ひが少しづつ廻《まは》つて来るのが、酒といふものの有難い所なのである。酔ふのが目的なのではなくて、酔ふことも酒を楽むのに必要な一つの順序に過ぎない。

いい酒といふものは、そのことも考慮に入れて作つてある。外国の宴会などで、シェリイやベルモットで始つて白葡萄酒、赤葡萄酒、シャンパン、コニャックといふ風に、量にして何リットルになるか解らない強い酒を飲んで、それでも結構、人と話をしたり、椅子《いす》に腰掛けたり、立ち上つたりして、最後に主人側に、大変愉快な一晩を過させて戴《いただ》きまして、などと礼を述べて家に歩いて帰つて行けるのは、飲むだけでなくて食べる方も相当だからだとよく言はれるが、それぱかりでもないので、酒がそのやうにゆつくりしか酔はせない性質のものなのである。だから、ウイスキイなどといふ下等なものを食事の時に飲むアメリカ人の宴会がどんなものか、ここで改めて説くまでもない。又、ビイルとウイスキイで付き合はされる日本の洋食がどれだけ辛《つら》いか、これも余り愉快な話ではないから省くことにしたい。牛肉などの重い料理が出て来ない洋食ならば、初めから終りまで日本酒でやつた方がまだましである。

この酔はせない点では、いい日本酒は上等の洋酒と同じである。酔はせないと言つただけでは解らないが、そこが実に旨く出来てゐるので、灘、広島、或は秋田辺りの銘酒を飲んでゐると、そのうちに酔ひ心地がして来て、そして不思議なことに、それがいつまでもその程度で止つてゐる。飲めば飲む程酔ふのではないので、何かの拍子に酔ひが醒《さ》めれば、飲んでゐるうちにもとの酔ひ心地に戻りはしても、そこまで行けばそのままで、いつまでたつてもそれ以上になることがない。つまり、酒と付き合へる状態に、酒を飲んでゐる間置かれてゐる訳で、これを見ても酒を飲む場合、酔ふばかりが能ではないのである。そしていい酒ならば、どうしてかういふ酔はせない、又酔つてゐなければ適当な所まで酔はせる作用があるのか、これは造り酒屋の人に聞いても満足な説明を聞かせて貰へなかつた。恐らく酒が上等ならば、先天的にさういふ性質が備つてゐることになるのではないかと思ふ。酒がよければ二日酔ひしないか、或は軽くてすむのと同じことなのかも知れない。

尤《もつと》も、幾ら優秀な酒でも、ただひたすらに度を過すことを願つて飲んでゐれば、しまひには酔ひ心地どころではすまなくなる。どんなことになるか、具体的な例を挙げて説明すると、今は銀座の松屋裏にあるはち巻岡田といふ小料理屋がまだ尾張町の千疋屋《せんびきや》の所から入つた横丁にあつた頃、ここの菊正宗は強いので知られてゐた。勿論、まだ酒の中に政府の命令でアルコオルを入れたりしなかつた頃のことで、全く米だけで作つた酒が強烈なのだから、これは得難い飲みものだつた。一口含むと、目が覚めるやうなのである。そしてこの店での仕来《しきた》りでは、客が空けたお銚子《てうし》は下げずに空のまま、卓子に出して置くことになつてゐたので、客が自分が何本飲んだか、勘定するのに都合がよかつた。所で、さういふ強い酒だつたから、これは先づ五本飲めば充分だつた。そしてそれを十本、つまり一升飲むのがこつちの長い間の念願だつたのである。

それも、かうした大変な酒のことだから、時間を掛けて飲めば充分に楽めた筈なのであるが、生憎《あいにく》、その頃の岡田は午後もかなり遅くなつてからでなければ店を開けなくて、そして割合に早く店を締めた。又当時、これ程の酒は他所《よそ》のどこでも売つてゐなかつたから、一升飲みたければどうしてもそれを岡田の限られた営業時間内に飲まなければならず、それで無理をすることになつたのである。五本までは、いつもやつてゐることだから何でもなかつた。併しそろそろ急がなければならなくなつて、六本、七本と飲んで行くと、いつも決つて七本目と八本目の間で辺りの景色が俄《には》かに霞《かす》み出し、卓子の上に並んだお銚子が観兵式を始めて、その後で歯を食ひ縛つて追加を注文しても、もう卓子のお銚子が八本になつたとか、十本になつたとかいふことを確認することが出来なかつた。或《あ》る時、一度だけ、間違ひなく十本目と数へるだけは数へて、それからどうしたか、全然覚えてゐない。併し店で後で聞いた話を綜合《そうがふ》すれば、生ける屍《しかばね》となつて家に帰つたらしい。

といふことは、いい酒のさういふ風にひどい飲み方をすれば、暴れ出したり、くだを巻いたりする代りに、ただこの世から消えてなくなるだけであることを示してゐる。さうあるべきであつて、そんな勿体《もつたい》ない飲み方をするものは早く消えてなくなつて、もつと酒を飲む資格があるものに席を譲つた方がいいのである。つまり、いい酒といふものはさういふことまで勘定に入れて作つてあるので、これは洋酒でも同じことである。例へば、葡萄酒やシャンパンを余り飲むと足を取られるといふのはそのことを指すので、いい葡萄酒をそんな風にして飲む手はない。葡萄酒には、その材料になつた葡萄に一夏当つてゐた日光が閉ぢ込められてゐるなどと言ふが、それよりも、よく枯れた葡萄酒を口に入れると、どこか微《かす》かに乾し葡萄の匂ひがする。何とも温かな感じがするもので、そんなことから始つて次には、舌触りだとか、味だとかになり、銘柄に間違ひさへなければ、さうがつがつ飲めるものではない。そしてそれでもがぶ飲みして足を取られるものがあれば、いい気味なのである。

それで、この辺からもう一度、無駄といふことに戻る。金沢にしかない朱塗りの椀で酒を飲みたがるのが無駄なことなら、酒はよければいい程酔はないものだといふのも、兎《と》に角《かく》、能率的なことではない。それでは、何の為に飲むのかといふことになる。朱の椀を満してゐる酒の色に惹《ひ》かれるのも、古い赤葡萄酒に昔の葡萄の匂ひを探り当てるのも、或は、水かと思つたものに不思議に味があるのに驚くのも、別にさういふことをしなければ死ぬといふものではないので、それよりは例へば、何か不愉快なことが忘れたくて自棄酒《やけざけ》を飲むといふやうなことの方がまだしも意味がありさうにも思へる。そしてさうと決れば、酒を飲んだりするよりは注射でもして貰つた方が手つ取り早いので、結局、酒を飲むのはどうあつても無駄なことだといふことになり、これに対して適当な答へが見付かる訳がない。つまり、酒を飲むならば、かういふ言い分に対して答へがないことを覚悟することから始めなければならない。酒に聞いて見ればいいので、さうすれば無闇《むやみ》に飲んで酔ふよりは、酒が水ではないことを知る方が大切であることが解る。聞いても解らなければ、暫《しばら》くウイスキイとでも付き合つてゐる他ないかと思ふ。そしてかういふことが人生と何の関係があるかは、これは人生に聞いたらいいだらうと、ここでは逃げて置く。

飲む話

1

犬が寒風を除《よ》けて日向《ひなた》ぼつこをしてゐるのを見ると、酒を飲んでゐる時の境地といふものに就《つい》て考へさせられる。さういふ風にぼんやりした気持が酒を飲むのにいいので、自棄《やけ》酒などといふのは、酒を飲む趣旨から言へば下の下に属するものである。頭でつかちな酒の飲み方で、早く酔ひたい一心でゐれば、体の他の部分が承知しないから、それまでのむしやくしやした気持が悪酔ひの不愉快な状態に変るだけである。むしやくしやしてゐるのなら、面と向つてその気持なり、その気持の原因なり何なりを見詰めた方が男らしいやうに思へる。尤も、酒を飲めばそれが一層よく出来るといふのなら別で、それならばそれは自棄酒の部類に入らない。

兎《と》に角《かく》、さういふ訳で、酒は決して他力本願の飲み方を喜ばない。涙や溜息《ためいき》が欲しくて酒を飲むのは、酒に身を任せることで、さうなれば酒は体の中を荒れ狂ふばかりである。

酔ひ心地も何もあつたものではない。酒に飲まれるといふのはさういふことなので、これは傍《はた》で見てゐても感じが悪いし、みじめになる。酒の上でしたことは仕方がないといふ考へ方をするものがあるが、それはしたことの性質によるので、初めから酒に寄り掛つてゐる態度がいい筈《はず》はないのであり、又許されるものでもない。そんな風に酒にだらしがない人間は日常生活でもだらしがなくて、酒席に限らず、どういふ場所でも付き合ひたくないものである。日常生活や仕事の上でもだらしがないのではなければ、逆に変に固苦しくて、それで酒を飲んで羽目を外して埋め合せをした積りでゐる。人間はそんなに簡単に性格が変へられるものではないし、締りをなくした後で幾らしやちこばつても、或《あるい》はしやちこばつた後でぐにやぐにやしても、それで我々がその人間から受ける印象の差し引き勘定をする訳ではない。つまり、さういふ人間はいつも何かが足りないのである。

かと言つて、飲んでゐる時も四方八方に気を配つてゐなければならないといふことはない。だから、犬が日向ぼつこをしてゐる様子を忘れてはならないので、気を配るも、配らないもないのである。犬は体中に日が当つて、日光が毛を通して皮膚まで差して来るから、我が代の春を歌つて寝そべつてゐる。さういふ時、犬を抱き上げて見ると解《わか》るが、日向ぼつこを暫《しば》くしてゐた後は、肉まで温まつて柔くなつてゐる。そしてそれを見てゐても、別にだらしがないといふ感じはしなくて、ただ如何《いか》にも気持がよささうなだけである。犬は日光に体を任せてゐるとも言へるので、我々も酒を飲む時に、その意味では酒に体を預けて少しも構はない。寧《むし》ろさうすべきであり、酒に寄り掛るのと体を預けるのでは、話が違ふ。身の任せ方にも色々あるのである。

例へば、飲むと無《む》闇《やみ》に人に絡みたくなることがあるが、議論がやりたくて仕方がない若い頃は別として、一般にこれは犬が日向ぼつこをしてゐる境地からは非常に遠い。体の中にアルコオルを注ぎ込んでゐるのだから、中年を過ぎても元気になつて、威勢がいいことを言はずにはゐられないといふことはあつても、これは多くの場合、酒がまづいか、場所が不愉快であるか、まだその日の心配が忘れられないかして、体に酒が落ち着かずにゐることを示すものである。

教室の机に向ふと何だか怒鳴りたくなる

これは菊池寛が一高時代に作つた俳句ださうであるが、若い時は教室でもさうなのだから、飲み屋にでも腰掛けてゐれば、なほ更さういふ気分になつても仕方がない。併《しか》しいい年をして、バアのスタンドに向ふと何だか怒鳴りたくなつてはならないのである。

酒に体を任せた方がよくて、そして酒に体を任せてはならない。どつちにも言へることで、これを要するに、酒を迎へる態勢を整へて酒が来るのを待つといふことになるのではないかと思ふ。溝を作れば、水は自然に流れて来る。酒も同じことで、大《おほい》に酔ひませうなどと待ち構へてゐなくても、酒を飲めば何《いづ》れは酔ふのだから、安心して酔ひが廻《まは》るのに任せて置けばいいのである。酔はうと思つてゐると、酒はそれに付け込んで、或は我々の気持を酌んでくれて荒れるから、我々もそれに引つ張られて何をやり出すか解らない。酒のせゐにすることはないので、もとを質《ただ》せば、我々の身から出た銹《さび》なのである。非常に急いでゐる時に円タクに乗つて、座席の上で力んでゐれば円タクの方もそれだけ早く走るやうな錯覚を起すことがあるが、勿論《もちろん》、力んだだけ損をしてゐるので、酒の場合はその損が悪酔ひになる。力んでゐても、ぼんやり腰掛けてゐても、円タクは円タクで走つて行くのである以上、ぼんやり景色でも眺めてゐる方が体にいい。

その余裕が、酒を飲む気持なのだといふことを、年を取ると益々《ますます》感じて来る。今日はちつとも酔はないと思つてゐるうちに、体が何だか軽くなり、バアの棚に並んでゐるコップが綺麗《きれい》に見え始めて、酔つてゐるか、酔つてゐないかといふやうなことを考へなくなる。その調子で行けばもう大丈夫で、もともとが飲める口ならば、幾ら飲んでも荒れるといふことはない。勿論、その晩の後半に何をしたか、はつきり思ひ出せないといふ事態が起ることもあるかも知れないが、初めに酒に対して礼儀を尽して置けば、後は酒の方で気を付けてくれる。それでも心配ならば、自分が何をしたか、一緒に飲んだ友達に聞いて見るのも一案である。

2

酒を飲むと言つても、酒を飲むだけで酒を飲んだことになる訳ではない。もう少し説明すれば、酒を幾ら飲んでも、それで酒飲みになれるのではないのである。或は、そのうちには、なる。つまり、酒飲みになる人間は大体が所謂《いはゆる》、飲める口であつて、飲める口の人間がいきなり酒を飲んでも、いい気持に酔つたりすることは出来ない。酒を飲めば酔ふものと思ひ込んでゐて、それでこはごは飲んで見ても酔ひはせず、なほも続けてゐるうちに悪酔ひして、それでおしまひである。併し飲んでは悪酔ひしてゐると、段々に酒に馴《な》れて来て、やがてはいい気持になるといふことがどういふことか解る所まで行き、酔ふ為《ため》ではなくて酒の為に酒を飲むやうになる。

それにしても、この頃は酒の味を覚えるのに、昔と比べて凡《すべ》てがやり難《にく》くなつてゐるといふ感じがしてならない。主に値段の関係かと思ふのであるが、酒を飲むこと自体が贅沢《ぜいたく》、或は少くとも、或《あ》る程度の覚悟をしなければならないことになつては、飲んでゐる酒が既《すで》に、酒の味がしない訳である。貧乏人は焼酎を飲んで、少し金がある時は合成酒、本ものは社長や社用族が飲むものといふことになつてゐるやうで、これでは何の為に酒といふものが作られるのか解らない。いい酒が安くて幾らでも手に入り、貧乏人も酒だけは上等なのを飲むといふことであつて始めて酒飲みといふ人種が出来るのである。

昔は、酒はお銚子《てうし》が一本十銭のからあつて、三十銭ならばいい酒が飲めるし、どんな銘酒でも五十銭以上といふことはなかつた。ビイルは、大瓶の中身が楽に入るジョッキ一杯の生が三十銭からあつた。さういふ訳だから、三円あれば一晩ゆつくり飲めて、当時の三円といふ金を今の千円と換算して見ても、その頃の三円は今の千円よりも購買力があり、そしてその上に今の千円よりも稼ぎ易《やす》かつた。又それだけに、飲む為の無理算段が、どうでも飲みたい時は多少の無理をする必要が生じることもあるといふ程度のもので、今日のやうに、会社の金でも持ち出さなければ泣き寝入りする他ないといふ種類の、興醒《きようざ》めがする条件を備へてゐなかつた。従つて、ここでこんなことを書いてゐるうちにも、さういふ昔のことが懐しく思ひ出される。

その頃は、日本酒を飲む前によくビヤホオルに行つたものだつた。先《ま》づビイルで少し口を湿してから、本格的に飲まうといふ趣向だつたのかも知れないが、兎に角、ビヤホオルで前に挙げた大ジョッキを二、三杯空けて、それから大概はどこか即席料理をやつてゐる小さな店に行き、その辺から日本酒に移つた。二十銭の安酒を売つてゐる店などに入らずに、三十銭のを出す所で飲むといふのが一種の誇りで(かういふ誇りは今日では持ち難くなつた)、それでも三十銭だから、料理の値段にしても多寡が知れてゐた。それだけに、止めどもなく飲んだ。いつだつたか、何回分か溜《たま》つた店のつけを払はうと思つて幾らになつたか聞いたら、二十円と言はれてびつくりしたことがあつたが、二十円は五、六升分の酒代と見てよくて、それが一軒の店なのだから、このことからも当時はどの位飲んだか想像出来る。一通り飲むと、今度は別の店に行つた。

その頃は日本酒の店と店の間によくバアにも行つた。バアとカフェと二種類ある時代で、カフェは関西辺りから入つて来た大仕掛けの、今で言へばキャバレエのやうな所だつたから、これは敬遠してバアに行つた。バアはもつと小ぢんまりしてゐて、文士を相手に話せる女給さんがゐたりする洋酒の飲み場だつた。つまり、カフェではなしにバアに行くといふのも一種の誇りからで、それは兎に角、チップが五十銭、ブラック・エンド・ホワイトが一杯五十銭といふ調子で、これも勘定の点では別にどうといふことはなかつた。ビイルを飲んでゐればもつと安くて、従つてここで又、それまでのビイルと日本酒に、又ビイルと、時にはウイスキイやブランデイがその晩の量に加へられた。バアの後では、まだ鮨屋《すしや》や、おでん屋、蕎麦屋《そばや》があつて、殊《こと》に当時の蕎麦屋はどこでもいい酒を出すことになつてゐた。

併しこれで終つたのではない。一通り廻つてしまつて夜が愈々《いよいよ》更けて来ても、まだ行く所はあつた。大体、バアや蕎麦屋にしても真夜中過ぎまでやつてゐたが、夜明しをするのは無理で、それには待合があつた。この頃の待合はどういう風になつてゐるのか解らないが、その頃は夜明しで飲む為に待合といふものが出来てゐるやうなものだつた。少し懇意な所ならば、玄関に立つた途端に察してくれて、酒やビイルの用意をしてくれた。そしてそれが待合といふものなのかどうか知らないが、こつちが寝ると言はない限り、女中さんとか仲居さんとかいふのが朝まで付き合つてくれて、それが出来ない時はビイルを山程運んで置いて行つたから、朝までそれを飲んでゐればよかつた。外が明るくなつて来て、障子を開けると、廊下にビイルの空き瓶が林立してゐるのを何度も見たことがあるのを、今でも覚えてゐる。

といふことは要するに、これが多くの場合、先輩に連れられての無我夢中の飲み歩きだつたのであるから、最後にどこかの待合に辿《たど》り着いてから大概、一度はもうどうにも気持が悪くて吐いたことを意味してゐる。途中で吐くこともあつて、それだけ飲んでも悪酔ひするばかりだつた。と同時に、それが酒の味を覚える一つのきつかけにもなつて、蕎麦屋の酒とは反対に、殊に我々が行くやうな小さな待合の酒はまづいものと相場が決つてゐた。幾ら酒の味が解らなくてもまづい位まづくて、だからそこに行くまでは無事でも、行つて酒を一口飲んだ途端に吐きに行くことになつた。そしてその後の酒が、これがどんな待合の安酒でも実に旨《うま》かつた。それをプウルに一杯にして泳ぎたい位で、そこまで行くと後は朝まで飲み続けても、何でもなかつた。酒の味といふものを知つた、これは確かに最初の経験である。

それ故に、もつとこの待合通ひをやつたならば、もつと早く酒の味が覚えられた筈であるが、幾ら我々の先輩でも、又我々自身にしても、飲みに出掛ける毎に夜明しする訳には行かなくて、大抵はどこかのバアか蕎麦屋でおしまひになつた。そして深夜の安酒が旨かつたことは記憶に残つてゐても、又飲みに出て口にする日本酒はもと通りの水のやうなもので、まだしもウイスキイの強烈な匂《にほ》ひや味の方が酒を飲んでゐる感じがした。又、酒がいい具合に体中に廻らないから、冬など飲み屋で飲んでゐると寒くてたまらなくて、それを紛らせる積りで飲む程に悪酔ひがひどくなつた。今から考へて見ても、実際、みじめなもので、先輩の言葉が聞けるとは思はなかつたら酒など飲まなかつたかも知れない。併しその頃の文士はよく飲んで、酒なしの文士の集りなどといふものは考へられなかつた。

　併しそのうちに、酒を飲んで酔へるやうになり、それと同時に、酒にも色々な味があることが解つて来た。少くとも、好き嫌ひが出来て瓶詰めよりも樽《たる》の方がいいだとか、何だとかいふことになつた。どうしてさうなつたかといふことに就て考へて見るのに、結局、それまでに飲んだ量がそこまでこつちを持つて行つたのである。ああだ、かうだと言つて見た所で、要するにそのことに尽きる。だから、もう一度話を初めに戻して、この頃のやうに初めから懐と相談で飲んでゐるのでは、いつまでたつても酒の味が解る気遣ひはない。これは、どうも困つたことであるが、問題はさうなると、米の統制撤廃だとか、経済上の安定だとかいふ大きなことに絡んで来て、今の所は仕方がないのだらうと思ふ。併し若いものが焼酎を飲むのだけは止《や》めるといい。

師走の酒、正月の酒

毎年、これを書いてゐる今頃になると、年の暮と正月に関する原稿の註文《ちゆうもん》が来る。これは雑誌の正月号が毎年、同じ頃に出るのだから、当り前な話であるが、それでもその原稿を書く時になつて、始めて年の暮が迫つたのを感じる。年々、同じ頃に同じことをやつて、それで思ひを新たにするのも、一年毎に年を取つて行くからだらうか。

忘年会が始るのもこれからであるが、これは余り年の暮を感じさせるものではない。多勢の人間が集つて飲んでゐるのは、いつだらうと、多勢の人間が集つて飲んでゐるだけのことで、騒いでゐるうちに年の暮だか何だか忘れてしまふ。忘年会も、新年の宴会も、出版記念会も、お通夜も、初めの気分が少し違ふのは別とすれば、皆同じである。と言つても、別に忘年会に反対する積りはない。口実は何であつても、多勢の人間が集つて時を忘れる機会を作るのはいいことである。新生活運動といふのは、何のことかよく解《わか》らないが、恐らく、さういふ運動が必要な程年がら年中、振舞酒を飲んでゐる人種がゐるといふことなのだらう。それならば、我々が知つたことではない。それで少しでも酒代が安くなるならば、結構である。

併《しか》しながら、年の暮の気分を味《あぢは》ふのに忘年会が不適当であることは、前に言つた通りであつて、それには一人か、二、三人の友達とだけで飲むのに限る。東京も煖房《だんぼう》に石炭を使ふやうになつてから、冬は外国の大都会並に夕方になると靄《もや》が掛る。夕方になるのも、秋とは格段の相違が感じられる位早くて、午後を地下室の事務所か何かで過して出て来れば、外はもう暗い中に方々の電気が付き、十一月も半ばを過ぎれば、人や車の行き来もどことなく慌しいのを不思議に思ひながら酒を飲みに行くのは、なかなかいいものである。

年の暮には誰もが忙しくなるのは常識で、眼が廻《まは》りさうで正月が来ることなど信じられないことがあるが、それでも酒を飲むのは年の暮が一番落ち着くやうである。一年間の仕事が兎《と》に角《かく》、もう終りに近いと思ふからだらうか。年の暮が勝負の職業も無論、少くはないだらうが、一年をこつこつ何かやつて過す仕事で食つてゐるものにとつては、年の暮はもうその年が終つたのに近い。文字通りに、年の暮であつて、それだけに、酒の味に、普通はない何かが染み込む。

或《あるい》は、酒の味はさう変らなくても、自分が酒を飲んでゐる姿が一歩離れた所から眺められると言つていいかも知れない。そしてそれまでにあつた年の暮のことが頭に浮んで来る。一頃、と言つても、今度の戦争が始るまでの何年間か、大晦日《おほみそか》は必ず銀座に出て飲む習慣だつた。今ではもう埋められてしまつた掘割に掛つてゐた出雲《いづも》橋といふ橋の袂《たもと》に、これは今でもやつてゐる「はせ川」といふ小料理屋に十時頃入つて行くと何人かの先輩格の文士がもう集つてゐて、そのうちにおかみさんが皆に福茶を出してくれるのが、大晦日の晩になつた合図のやうなものだつた。

横光利一氏、河上徹太郎氏、青山二郎氏などがその席の古顔で、或《あ》る時、河上さんが「はせ川」の壁に掛つてゐる電気時計が十二時を過ぎたのを見て、「これでやつと自分も四十になれた、」と呟《つぶや》いたことがある。今の筆者自身の年から逆算してこれはだから、十五年前、つまり、昭和十五年の大晦日、或は、昭和十六年の元旦のことである。我々は勿論《もちろん》、「はせ川」で酒を飲んでゐた。そのうちに戦争になつて、「はせ川」に酒が入つてお客にお銚子《てうし》が一本づつ出るといふ報道があると、皆駈《か》け付けるやうな時勢が来たが、この昭和十五年頃はまださういふ心配はなくて、酒に足を取られることの方が気掛りだつた。

我々の集りには大体いつでも、酒と議論が付きものだつた。併し大晦日の晩には議論の方は余り出なかつた気がする。これは一つには、バアや飲み屋がこの日は夜通し開いてゐて、朝まで飲むといふことが皆の頭にあつたからかも知れない。夜通し飲んで、その間に段々夜が明けて来年になる方が、除夜の鐘でも聞いて寝て、翌朝起きると、正月になつてゐるよりも感じが出る。ただ、この除夜の鐘を銀座で聞いた記憶が余りない。今ならば方々にラヂオが置いてあつて、どこにゐても聞けるのだらうが、昔はそんな面倒なことはしなかつた。

「はせ川」を出てから行くバアも、その頃は大概決つてゐた。明け方近くになれば、どこにゐるか解らないが、我々は先《ま》づ「ブーケ」といふ、これも今でもあるバアに行つた。そこで或る大晦日の晩、横光さんがダンスするのを見たことがある。フランスから帰られた年かも知れなくて、横光さんは和服姿で悠長に床を廻つた。曲は、「巴里《パリ》の屋根の下」だつたかも知れない。横光さんはこの曲が大好きで、それでその記念に、今でもバアで飲んでゐる時に街の音楽師が入つて来ると、この曲を弾いて貰《もら》ふことにしてゐる。

その大晦日が明けた元日だつたと思ふが、その頃は横光さんと同じ下北沢に住んでゐたので、これも慣例によつて一緒の車で送つて戴《いただ》いて行く途中、トラックに乗つて演習か何かから帰つて来る兵隊を追ひ越した時、横光さんは手を上げて、「フロン・ポピュレエル、」と叫んだ（横光さんがパリに行つてゐる時に結成された人民戦線のこと）。日本の兵隊を人民戦線と見るのは、当時の知識人の感覚とも、大分食ひ違つてゐた。併し少くとも今度の戦争の半ば頃までは、日本の軍隊は国民軍だつたのである。そしてそれがさうでなくなつたのは、横光さんのせゐではない。

といふ風なことから、話は自然、年の暮の酒から、正月の酒に変つて来た。といふことよりも寧《むし》ろ、本当に飲むといふ意味では、昔は年の暮の酒はあつても、正月の酒といふものはなかつた。余程の豪のものは別であるが、大晦日の晩に徹夜で飲んで、それで又元日に酒を飲むといふのはちよつと難しい。義理に屠蘇《とそ》は飲んでも、後は寝て過すのが普通だつたのではないだらうか。そして年の暮に余り飲まなくても、正月は三ヶ日が大概どこでも休みだつたから、飲まうにも飲みに行く所がなかつた。

正月は今よりももつと清々《すがすが》しくて、そして厳粛なものだつたのである。だから、振舞酒でよたよたしてゐる酔つ払ひがそれだけだらしなく見えた。

そして元日から方々の店が開いてゐる習慣になつた今日でも、このことにさう変りはないのではないだらうか。つまり、正月の酒といふのは、家で飲む酒なのである。それでもつと一般的に言つて、酒は家で飲むものか、外で飲むものかといふ問題がここに生じるのであるが、これに就《つい》て意見は二派に分れてゐて、どつちとも決め難い。筆者自身の考へでは、友達でも来ない限り、酒は家で飲むものではないのであつて、それは家にゐてまで酒が飲みたい位、自分を持て余してゐれば、碌《ろく》なことはないと思ふからである。併しかういふ見方の是非は別として、正月だけは誰でも家にゐて酒が飲める。

一つには、仕事がないから、或は、新年の初めの三日位は仕事をしないですませたいから、家といふものが日常生活の制約を解かれて、丁度、寝る一時間も前の毎日の気分が三日間かそこら、朝から晩まで続くことになる。それで酒を口にする気を起すので、これも痛飲するといふ所までは行かないが、休みが三日も続いて、年の初めに余計な心配をすることはないから、そんなに飲まなくてもいい。屠蘇を酒に屠蘇散を入れたのにして、おせちか何かを突つきながらほろ酔ひ機嫌になり、それが覚めた頃に又思ひ出して飲み、実際はどうだらうと、何となく静かな感じがする家の中をうろ付くのは、どこか朝風呂に入つた趣があつて捨て難い。寝床に入る頃になつて、まだ酒があり、おせちも残つてゐるに至つてはかういふ楽みは一年に一度、正月にしか味へない。

それで思ふのだが、正月だとか、大晦日だとか、その他色々とある日本の習慣は、最低の生活を確保してゐるものならば誰にでも、季節季節によつて王侯の生活をさせる為《ため》に作られたのではないだらうか。

意識的にそれを狙《ねら》つたのではなくても、結果としてはさうなつた。第一に、かういふ習慣は凡《すべ》て儀式から生れ、儀式を伴ふものであり、ものをゆつくり楽むのには、これは考へなくてはならない条件である。今は廃《すた》れたが、元日から一週間、松の内の間は休む習慣になつてゐたのが気持の上で余裕を与へ、新年になつたといふことが頭をすつきりさせてくれる。その上で飲む酒が何級酒だらうと、又それを注ぐのが金銀の杯だらうと、ただのコツプだらうと、飲む感じがさつぱりしてゐるのに違ひはない。王侯でも、昔は正月を待ち焦《こが》れることがあつただらう。

併し三日でも、七日でも、或は元日一日だけでも、やがて過ぎて、我々は又街に出て酒を飲む。もう仕事が始つたのであり、我々は日常生活に戻つたのである。

そして春の酒、夏のビイルは、この小文の範囲外に属することである。

酒

1

今年の菊正の樽《たる》を寄越してくれた人があつて、飲んで見たら、どうも旨《うま》くて、暫《しばら》くはそれが酒だといふことを考へなかつた。併《しか》しもしこれが酒ならば、今まで飲んでゐた大概のものはただ酒に近い状態にあるものだつたので、折角、酒にアルコオルをぶち込むことを政府に強制された結果、その匂《にほ》ひを消したり何かする必要から、却《かへ》つて醸造の技術が向上したのだと思つてゐたのに、これでは昨年と今年の技術が違ひ過ぎる。米と水はいつも同じ場所のものを精選してゐるのだから、そつちの方の関係でかういふことになる訳がない。何だか解《わか》らずに、ただ飲んでゐたら、その道の専門家に、豊作続きでアルコオルをぶち込む量が減つたのだと教へられた。つまり、酒はやはり米だけで作つた方がいいといふことになる。

併しアルコオルのお蔭《かげ》で、それだけではないだらうが、技術が進歩したといふことはやはりあるやうな気がする。今年、前よりも少いアルコオルのぶち込み量で作つた菊正が、それではそれだけ戦前の、アルコオルを入れなかつたのに近くなつたかと言ふと、どうもさうとは思へない。戦前の、千疋屋《せんびきや》の尾張町支店があつた角から入つた横丁の「岡田」で出してゐた菊正は、こつちが何度も飲んだ記憶があるのがいつの間にかぼやけて来たのではない限り、もつと荒つぽい、豪壮なものだつた。今の方がその頃よりも、もう少し舌が酒の味に馴《な》れてゐる筈《はず》であるから（当時はがぶ飲みだつた）、あの時にさう感じたのなら、今ならばもつと強烈な印象を受ける筈である。そして昔は、芳しい酒が同時に強烈だつたが、いい酒は滑かなのが本当のやうに思へる。その証拠に、フランスで上等のブランデイを作るコニヤック地方に隣接して、それ程良質の葡萄《ぶだう》が取れない地方で出来るアルマニヤツクと呼ばれるブランデイがあるのが、コニヤックのフィイヌ・シャンパアニュよりは荒い味がして、これが好きな人もゐる。

それ故に、日本酒がもう一度、米だけで作れるやうになつたら、どんな上等なものが出来るか解らない。或《あ》るアメリカ人の酒通の友達が、いい日本酒はティオ・ペペといふ銘柄の、シェリイ酒の中でも辛口なのに似てゐると言つたが、今度はそれにそつくりのものになるかも知れない。それにしても、日本酒は穀類で作るものなのに、それが白葡萄酒やシェリイ酒などの果実酒のやうな味がするのは何故なのだらうか（シェリイ酒といふのは、白葡萄酒にブランデイをぶち込んだものである）。一般に、穀類で作るアルコオル飲料はウイスキイだとか、ビイルだとか、ジンだとかいふ、どつちかと言へば粗末なもので、これに対するはつきりした例外が日本酒と支那の老酒《ラオチュー》であるが、日本酒の方が果実酒、或《あるい》はその中の葡萄酒に近い。そして果実酒の中では、葡萄で作つたものが問題なく優れてゐるから、東西でフランスの葡萄酒と日本の酒が両横綱を張つてゐることになる。

それに付けても、いつも思ふのは、日本酒が貯蔵出来ないのは何故なのかといふことで、老酒に古酒があるのは葡萄酒と同じであり、葡萄酒のやうに、どこの酒は何年のが出来がいいと一々覚えてゐるのかどうかは解らないが、古酒が尊ばれることは確かである。又、前にもどこかで書いたことをもう一度繰り返せば、日本酒が一年もたてば必ず悪くなるといふ訳でもないので、昭和二十八、九年頃に山形県の酒田に行つた時、そこの初孫といふ酒の、昭和十四年に米穀統制令が実施されるのに先立つて作つたのを出されて、これはもう西洋のどういふ風な酒に似てゐるなどといふことを考へさせない、大した酒だつた。貯蔵の設備がいいといふこともあるのだらうが、兎《と》に角《かく》、日本酒がこれで少くとも十五、六年は持つて、その間に葡萄酒と同様に、味が益々《ますます》枯れて来るものであることが解る。その色まで古いブランデイのやうに淡くなつてゐたのを覚えてゐる。

さうすると、これは醸造の方法とか、水の質とかいふ難しい問題ではなくて、単に我々日本人が酒が古くなるのが待ち切れず、仮に少し取つて置きたくても、その年に出来た酒の量が足りない位で、残るなどといふことは考へられないといふことなのかも知れない。

それならば、これは立派なことで、フランス人でも、支那人でも、これには敵《かな》はないだらうと思ふ。そしてもう一つ、そのことに就《つい》て考へられるのは、そんな風に酒がやつと需要を満す位しか作れないといふのは、日本人の大部分が比較的にいい酒を飲んでゐるからだといふことで、支那人、或は少くとも、中共が革命を起すまでの支那人は言ふに及ばず、誰もが子供の時から葡萄酒を飲み付けてゐるフランス人でも、多くはその年に出来た一般用の、まだ生の葡萄酒で我慢してゐるので、皆がシャトオ・ラフィットの一九二一年でなければなどと注文を付けたら、かういふ葡萄酒の生産高から見て、一九二一年のシャトオ・ラフィットは一九二二年の夏までにはなくなつてゐた筈《はず》である。

併しここで別に、貴族的といふ風な言葉を持ち出すことはない。もし貴族的といふのが洗練されてゐるといふことなら、フランスの上等のシャトオものもいいものであるが、樽の日本酒もこれに引けを取らなくて、支那人が君子と呼んだのがどういふ種類の人間なのか解らないが、飲んでゐる間、何となくその君子になつたやうな気がする。併しそれよりも確かなのは、飲んでゐる間は日本酒を飲んでゐる我々であることで、かなり最近まではそれが我々日本人だけだつたのが、この頃は戦争のお蔭なのか、同好の士が外国でも大分殖《ふ》えてゐる。少くとも、外国にゐる友達が日本に来て、日本酒でいい気持にならなかつたのはまだ一人もゐなくて、これは、葡萄酒といふものがその葡萄酒の味や匂ひで喜ばれて、日本酒に日本酒のやうな味と匂ひがあれば、寧ろ当り前な話である。インド洋やウラル山脈、或は太平洋を越えたからと言つて、人間の味覚が変る訳がない。

所が、日本酒はそんなに遠くへ持つて行くと、余程気を付けなければ、味が変る。これは前に触れた、貯蔵するのに適してゐるか、ゐないかの問題とも関係があることかも知れないが、その点に就ては、酒といふものが一般に自分が作られた所から離れるのを好まないものなので、そのことに掛けて日本酒は酒の中でも酒らしい性格を備へてゐるから、これが安全に運べる範囲は先《ま》づ日本国内と考へなければならない。葡萄酒も、高い金を払へば、日本でもフランスの上等な葡萄酒が手に入る。併しそれがフランス、或は英国で飲むのと同じ味がするかと言ふと、偶《たま》にあり付けた感激を差し引くならば、これは余り自信を持つて答へられることではない。まして、日本酒はその点、敏感であつて、ニュウ・ヨオクやベルリンで飲むのでは、英国のダアビイで勝つた馬をアメリカに連れて行くやうな具合に運搬するのでなければ、現地の酒に負けるのに決つてゐる。

又、それでいいのではないだらうか。スコットランドのウイスキイが世界中に輸出されると言つても、それはウイスキイだからで、そのウイスキイでさへも、スコットランドで飲んだ方が段違ひに旨《うま》い。フランスの葡萄酒の輸出先は主に英国で、晴れた日にはフランスのカレエから英国のドオヴァアの白い崖《がけ》が見える。どこへ行つても、そこで飲める旨い酒があつて、その酒は遠方から持つて来たどんなものよりも旨い。日本酒が好きな人間が外国にも殖えたからといふので、これを缶詰にしてまで外国に送り出すことはなささうに思へる。日本の海の色が、或は松の緑が外国に持つて行けるものだらうか。土地の酒といふのも、さういふものであつて、凡《すべ》て上等な酒はその土地のものなのである。

2

どこへ行つても、その土地の酒が一番いいとなると、例へば、日本にゐて日本酒と洋酒とどつちが好きかといふやうなことを、少くとも飲み助に聞くことはない。併しそれでも、日本人に限らず、日本酒が好きになつたものが外国で日本酒の味を思ひ出したり、日本にゐる人間の頭に、ヨオロッパで飲んだ洋酒のことが浮んで来たりすることもある訳で、洋酒の旨いのは、やはり結構なものである。先日、ロンドンで御馳走《ごちそう》してくれた人が東京に着いたので、今年の菊正で一晩飲み明した後、翌朝になつてから、その人に御馳走になつた洋酒の数々が久し振りに記憶に甦《よみがへ》つた。これは洋酒の方が味が単純だからなのかどうか、そこの所は疑問であるが、日本や支那と違つて、洋酒の本場では同じ一つの種類のものを飲み続けるといふことがない。外国の雑誌の広告を見ても解るやうに、食前に飲むもの、食後のもの、食事中に飲むものといふ風に、色々ある。

飲むことから食事が切り離せないのは、日本酒以上であつて、これは尤《もつと》も、日本酒だつて食べながら飲んだ方が、本当はずつといいのである。併し日本酒には、食べなくても或る程度は栄養になるものが何かあるやうで、それで肴《さかな》は塩や味噌《みそ》を舐《な》める位で飲むといふ不衛生なことにもなるのかも知れない。兎に角、洋酒は食前から食事中、そして食後も飲み続けるのが定石で、それで酒の種類も多い。シェリイといふのは、食前に飲む酒の中に入るが、この酒に就ては既に書いた。この他に、食前の酒といふのはまだ幾種類もあるらしくて、ただ皆、甘口のやうなので飲んで見たことがない。昔はパリの街を歩いてゐると、この食前の種類に属する酒の広告が大概の所に出てゐたものだつた。アメリカの観光客がビイルを頼む時、よく給仕が勘違ひして持つて来るビルといふ酒など、街のどこかにその名が見えないことはなかつた。併し今のパリのことは解らない。

そんなのはどうでもいいとして、食事になると、葡萄酒が出て来る。これが料理屋で食事をするのだと、献立の他に酒の表を持つて来させて選ぶのが楽みだし、人の家に呼ばれて行つてのことならば、給仕が注いで廻《まは》る酒の瓶に何と書いてあるか、見ずにはゐられない。葡萄酒が決して日本酒のやうにお銚子《てうし》などに移さずに、もとの瓶のまま出されるのは、その為《ため》もあるのだらうと思ふ。見ると、呼ばれるのが楽みである程の家ならば、ムウルソオ・ジュヌヴリエェルだとか、モンラシェだとか、コルトン・シャルルマニュだとか、イケムだとか、或は赤葡萄酒ならば、シャンベルタン、ロマネエ・サン・ヴィヴァン、シャトオ・ムウトン・ロッチルドなどと書いてある。実は、ブルゴオニュ地方の葡萄酒とボルドオ地方との違ひ位は解つても、同じ地方のどこの何といふのがどこのと比べてどんな特色があるといふやうなことは、まだとても一々覚えてゐられる程、葡萄酒といふものを飲んだことがない。

併しながら、いい葡萄酒の名前と、出来が上等だつた年を幾つか知つてゐれば、瓶に貼《は》つてある紙を見ただけでこれから飲むものが旨いか、まづいかの大体の察しは付く筈である。看板に偽りはなくて、そのロマネエ・サン・ヴィヴァンだとか、シャンボル・ミュシニイ・レ・ザムウルウズだとかが注がれると（年は例へば、一九三七年）、食卓の明りの具合では、黒に近い色に熟した葡萄の光沢だけが、瓶から移されて盛り上つて行く感じがする。味は、今更言ふまでもない。いつも不思議な気がするのだが、葡萄酒は勿論《もちろん》、冷やで飲むものなのに、殊《こと》にブルゴオニユ地方のは、急に何か日が当つてゐる場所に出たやうな、或は、日光が体の中に差し込んだのに似た感じになることである。尤も、これは別な風にも形容出来るので、廻りに俄《には》かに派手な音楽が起ると言つてもいい。葡萄酒には、さういふ陽気な一面が確かにあつて、これは一般に、酒といふものが我々に考へさせるものではなしに、葡萄酒を飲む時に特有のものなのである。

給仕が酒を注いで廻れば、同じく給仕が料理の大きな皿を持つて来るが、自分の番になつてその料理の一部を取り分ける際には、なるべく少しにしなければならない。といふのは、余り欲張ると、食べるのに手間が掛つてそれだけ飲む時間が少くなり、給仕の目に付く程度にいつも自分のコップに入つてゐる酒を減らして置かなければ、給仕が注ぎ足してくれないからである。西洋料理などといふものは、或はもつと広く言つて、どんな食べものでも、又それを食べる機会に何《いづ》れは巡り合へるのに決つてゐて、仮にそれが二度と来なくても、太陽がお腹に入るのをいつ又経験することが出来るかといふことに比べれば、大して惜しがることはない。併し上等の葡萄酒といふのは、その一瓶毎に独特の時間が湛《たた》へられてゐて、三度の食事にこと欠かない限り、食べものなどとこの貴重な時間が換へられるものではない。併し葡萄酒も洋酒で、前にも言つた通り、洋酒は食べものと切り離すことが出来ないから、なるべく手間を掛けずに食べられるものを少し取る。

洋酒が何か食べながら飲むものであることは、食事が進むに連れてはつきりして来る。空《す》き腹にシェリイ、白葡萄酒、赤葡萄酒と流し込んだら、どんなことになるか解らないが、そこは相当に脂つこい料理で腹に抵抗が出来てゐるから、飲むに従つて酒も旨くなる。殊に、幾ら少ししか取らなかつたのでも、ブルゴオニュ地方の赤葡萄酒と野鳥料理の組み合せといふやうなものは、これはそれだけでも試みる価値が充分にある。兎に角、それで食事もどうやら終りに近づくと、洋酒が楽みたいなら食べなければといふことが、もつとはつきりする。といふのは、愈々《いよいよ》コオヒイになつて、それからブランデイが出るからである。何と言つても、葡萄で作つた酒はブランデイに至つて極まる。或は少くとも、充分に腹拵《はらごしら》へが出来て、葡萄酒その他で飲む方も相当な所まで行つた時、ブランデイになれば、さう思ふ。本当に楽むのには、それだけのお膳《ぜん》立《だ》てが必要なのだから、贅沢《ぜいたく》な話であるが、ブランデイといふのはその味も、強さも、匂ひもさういふ贅沢なものなのである。この酒には確かに太陽が入つてゐる。

ここで少し横道に逸《そ》れるならば、英国人の間には面白い習慣があつて、コオヒイが出る頃になると、ゐ合はせたものの中の女だけが席を立つて別室に行き、そこでお互にお喋《しやべ》りをしてゐる間、男はゐ残つて飲み続ける。これは、本当に飲みたくなれば同類だけでそれをやりたいといふ、飲み助の心理に添つたものに違ひなくて、又、女は女で男に付き纏《まと》はれるのから、かうして暫くでも逃れるのが息抜きになるといふことは、これは或る英国人の女から聞いたことがある。又この時、男ばかりになつた食堂に、この習慣がある英国ではポオトが出ることもある。必ずといふ訳ではなくて、それはこの日本のポオトワインとは凡《およ》そ違つた高貴な酒が、今日では英国でも高貴になり過ぎて、容易に手に入らないからではないかと思はれる。そんな酒だから、ここでそれがどんなものか書いた所で仕方がなくて、この辺で女の客達がゐる応接間の方に、他の男達と移つた方がいい。そこでは又飲んで話が弾むので、それを見てもかうして一時別れるのが、一種の精神の衛生からであることが解る。

客に呼ばれて飲む時のことばかり書いて、料理屋に自分で出掛けて行く時のことに触れることが出来なくなつた。その埋め合せを何れはするかも知れないが、面倒なので止《よ》すことになりさうな気もする。そんなことよりも、もう一度さういふ料理屋に行つて見たいものである。

3

日本酒と葡萄酒のことを書いた後、他に何があるのだらうか。人間が一生のうちに飲める酒には、量のみならず、種類の上でも限りがあつて、葡萄酒だけでも、ありとあらゆる種類のものを飲み尽すのは並大抵のことではない。そんなことをした人間はまだゐないのかも知れなくて、勿論、それで少しも構はないのであり、葡萄酒通といふやうなものには、なればなつただけのことで、佐渡の勇駒といふ日本酒しか飲んだことがなくても、これが結構旨い。又、色々な種類を知つてゐるから、旨い酒を旨いと思ふのでもないので、話は寧《むし》ろその逆である。我々が生れて育つて、酒の味を知つてから、その旨さを頼りに初めに飲んだのとは別な旨い酒も知ることになるので、凡ては我々が酒を旨いと思ふかどうかといふこと一つに掛つてゐる。

酒は旨ければいいのだとなれば、こんな話がある。或る英国の旅行家がシェリイ酒の産地であるスペインのヘレス地方に行つて、シェリイ酒の醸造元の中でも大きいゴンサアレス・バイアス会社の工場を見学した。そして葡萄の汁を搾《しぼ》る場所や、それを入れた樽の置き場などを、何とも悲しさうな顔付きをした案内人に連れて廻られてから、出来上つた酒の大きな樽が並んでゐる所に漸《やうや》く着くと、そこへ細長い管を持つた男がもう一人現れた。案内人はその樽の一つを指して、今にも泣き出しさうな顔をしながら、

「ティオ・ペペ」と言つて、もう一人の男に合図する。つまり、それがティオ・ペペといふ銘柄のが入つてゐる樽で、管を持つた男は早速それを樽に突つ込み、旅行者と案内人の為に中身を二つのグラスに注いで渡す。それからもう少し先の樽の所へ来ると、案内人は、「アポストオレス」と言つて、今度はそれが二つのグラスに注がれる。その頃から、案内人は幾らか元気が出て来たやうで、旅行者がアポストオレスのお代りをしないのを不満に思つてゐる様子を見せる。併し又その少し先の方まで歩いて行つて、

「マトゥサレム」と言ふ。

そんな風にして、この二人はそこにあるだけの銘柄を一杯づつ飲んで廻つて、最後に、やはりそこで作つてゐる何とかいふ銘柄のブランデイを一杯づつ飲む頃には、案内人はすつかり陽気になつてゐて、シェリイで解決することが出来ない問題などといふものはないのだと旅行者に教へる。世界中から、真面目《まじめ》にシェリイの研究をする積りで色々な人間がそこの工場へやつて来て、さうして一廻りすればもう質問もしなければ、ノオトも取らなくなる。その樽が並んでゐる倉庫まで来て、一切の苦痛も、悲みも終るのだといふのである。そして聞いてゐる方の旅行者も、それまでにすつかりいい気持になつてしまつてゐて、後で今度はそこの記念品が陳列してある所に連れて行かれて歴史的なシェリイが入つてゐた樽などを見せられても、そんなことはもうどうでも宜《よろ》しいといふ訳で、ただ自分の酔ひ加減の素晴しさに一人で悦に入つてゐる。併しそれよりももつと面白いのは、工場の見学

を終つて外に出ると、朝来た時と同じ暑いスペインの真夏なのに、辺り一面が薄暗くなつてゐるので、通り掛つた百姓に夕立ちが来るのではないかと言ふと、百姓がげらげら笑ひ出して、シェリイ工場はどうだつたと聞く。つまり、旅行者は自分が日除け眼鏡越しにものを見てゐることを忘れてゐるのである。

　これはオナア・トレイシイといふ人が書いた「シルクハットで朝飯抜き」といふスペイン紀行の一節であるが、かういふ具合に酒の工場などに行つて昼日中から酔つ払つてしまふのは、全くいいものである。といふことは同時に、どんな酒でも、それを作つてゐる所で飲めば旨いのだから、その酔ひ心地には酒が上等であることも入つてゐるといふことであつて、酒が旨いのと、それに酔ふのは決して別ものではない。私は酒を鑑賞するだけでなどといふことを言ふ人間は、それが下戸でない限り、ぶん殴つてやつて差し支《つか》へないといふことはなくても、心理的には先づそれに近い。酔ふのにも色々な酔ひ方があるが、酒は酔ふ為に作られるので、一升飲んでも、二升飲んでもどうもないとか、酒の味が解れば沢山だとかいふのは、嘘《うそ》であるか、或はもしそれが本当ならば、飲むだけ無意味である。それに、酔はずに酒の味が解るといふことはあり得なくて、酒といふものの性質から言つても、酒を旨いと感じた時に、既に酒は多少とも体の中を廻り始めてゐる。

　併しオナア・トレイシイも、自分が日除け眼鏡を掛けて空が暗くなつたと思つてゐることを指摘したスペインの百姓をぶん殴りはしなかつた。それが上等な酒、つまり、旨い酒の不思議な所で、旨い酒を飲んで乱に及ぶといふのは滅多にないことであり、それがあつた時は、飲み手の方がどうかしてゐたと考へなければならない。幾ら旨い酒でも、それを飲む人間が名うての性悪だつたり、がりがり亡者の高利貸が百万円損をしたやうな悩みでひしやげたりしてゐることにまで責任は持てなくて、そんな場合には、旨い酒でも悪酔ひするものらしい。併しかういふのは例外であつて、尋常一様の人間に就て言ふならば、酒が旨いといふのはその味がいいといふことであるとともに、飲んでゐるうちに体がどことなくふはふはして来ることでもあり、羽化登仙した積りで立ち上ると、別によろめきもしないのは、これも不思議である。必要とあれば、又、踊りを知つてゐさへすれば、踊ることも出来る筈であつて、それであの「勧進帳」の弁慶は一升酒だか何だかを飲んだ後で富《と》樫《がし》の前で舞ふ。

弁慶も強かつたのだらうが、これはあの酒が余程旨い酒でもあつたことなので、「勧進帳」で富樫が弁慶の一行に差し出す砂金の袋の他に、この酒はこの芝居が興行される毎に我々の注意を惹《ひ》いて止《や》まない。十二世紀の日本には、どんな酒があつたのだらうか。清酒が出来たのは江戸時代になつてからといふことだから、所謂《いはゆる》、清酒ではなかつたのだらうが、弁慶の飲み方を見てゐると、あれは濁酒ではない。「勧進帳」が書かれたのも江戸時代であるから、あの飲み方も作りごとだと一応は考へられても、義経が衣川《ころもがは》で討たれた時、その首をいい酒に漬けて鎌倉に送つたとものの本にあり、濁酒に首を漬けて、奥羽から関東へ行くまで持つ訳がない。さうすると、先づ濁酒を作り、その上澄みを更に何かの方法で精製するといふことがあつたのかも知れなくて、それを思つただけでも旨さうな感じがする。例へば、それは冷やでも飲めたのではないだらうか。弁慶が飲む酒は確かに冷やで、それにあんなに沢山の酒を一時に注いで飲ませるのに、お燗などしてゐたらば義経の正体がばれてしまふ。

旨い酒といふのは、全く結構なものである。飲めば飲む程よくて、李白《りはく》がいい加減飲んでから相手に、眠くなつたから明日又来いと言つたのは、何か腑《ふ》に落ちないものがある。恐らく、これは詩が四行続くうちに破天荒の量を飲んだといふことなので、それだけ飲めば誰でも眠くなる。又、それが上等な酒のいい所なので、記録破りの飲み方をしても、せいぜいが眠くなるだけであつて、別に卓子を叩《たた》いたり、窓ガラスを壊したりしたくはならない。眠くなつて、安らかな一夜を過し、二日酔ひもしなくて、それで詩人も、明日は琴を持つて来なさいと言つてゐる。二日酔ひだつたならば、琴など聞ける訳がない。

春の酒

まだ二月で、冬の真最中だと思つてゐたら、風が吹き出して温くなり、この気違ひ染みた風も、温かさも、明かにこれは春である。暦によれば、旧暦の正月七日となつてゐるから、確かに昔の正月はもう早春と言つてよかつたものだつたのに違ひない。併《しか》しそれは頭で計算してのことであつて、冬とばかり思つてゐるうちにいつの間にか春が来るのは、どう考へても妙である。暗闇《くらやみ》を手探りであつちにぶつかり、こつちで躓《つまづ》きしてゐる時に、気が付いて見ると昼間になつてゐるやうなものである。サマセット・モオムの小説に、封筒に宛名《あてな》を書くのが仕事の女が（従つて、その頃はそれをやる便利な機械がまだなかつたことになる）、何枚書いても終りになりさうもない仕事を続けてゐるうちに、急に後何枚かしか残つてゐないのが解《わか》るのは妙なものだといふ話をする所があるが、先《ま》づそんな訳で冬の後には春が来るのだらうか。併し来るまでは来ないのだから、といふこともあつて、来れば不思議な感じがする。

勿論《もちろん》、それだからと言つて悪い気持はしない。寧《むし》ろ、何となくいつもよりゆつたりした心地がするから、それだけ自分も大人になつたのかなどと漠然と解釈したりしてゐるうちに、それが温度の変化から来てゐて春であることを知るといふ具合になるので、お風呂《ふろ》に入るやうなものである。併し何にでも終りがあるといふのは必ずしもかういふ風には行かなくて、季節は冬が春になつても、秋が冬になつても、それぞれいいものであるが、探偵小説などを夢中で読んでゐて終りになるのは、どうも呆気《あつけ》なくて後味が悪い。前は、長い間掛つて仕事をすませた時がさうだつた。それをやつてゐるのが楽みだつた訳でもなくて、寧ろその反対に、いつになつたらけりが付くのだらうと、それでもいつかは終る筈《はず》なのを僅《わづ》かながらの頼りにしてやつてゐたのに、その不愉快な状態の原因である仕事がなくなると、もう不愉快である理由がなくてそれまでと勝手が違ふのでいらいらした。そんな時、人間には仕事しかないのだといふ種類の考へが凡《およ》そ貧相な姿をして浮んで来て、頭や胸を締め付ける。

それと比べると、ギボンが「ロオマ帝国衰亡史」を書き上げた晩の態度などは全く堂々たるものである。ジュネエヴの家の庭に出ると、月が辺りを照してゐて、ギボンは二十四年も掛つてやつた仕事がもうないことを思ひ、何となく寂しくなつたりしてゐる。大丈夫《ぢやうふ》の貫禄《くわんろく》とも言ふべきだらうか。確かに、他の多くの仕事と違つて、書くといふことにはどこか不自然な所があり、雲を摑《つか》んで岩を積み上げてゐる気になつてゐなければならないことが、書くのが仕事の人間を或《あ》る程度、殊《こと》に仕事をしてゐる間は非人間的にする傾向があるが、それならばなほ更のこと、書いてゐる間でもその傾向に負けないでゐたいものである。それには、自分の文体が出来ることが一つの足場になる。そしてギボンは文章の、といふのは、書く仕事の達人だつた。ヴァレリイは強制的に書かされたら死んぢまふと言つたさうで、つまり、それ程書くのがいやだつたといふことになるが、さういふことを言つたのが後年のヴァレリイだつた筈がない。

併しこれも、書くといふ、或る意味では特殊な仕事に就《つい》て考へられることなので、何だらうと、仕事が一つ終つて不愉快でたまらなかつたり、それから先、暫《しばら》くはどうしたものか解らなかつたりするのは、そのいい悪いは別として、余り有難いことではない。人間にとつて仕事が凡《すべ》てであるといふのも、さういふ一つの生き方なのであつて、仕事をしてゐる間も、なるべくならば生きてゐることが望ましいのに決つてゐる。それならば、仕事が終つて、生きてゐることが残るのであり、その時、やれやれと思ふ位の命が残つてゐるのでなければ、何だか損なやうな気がする。どうも、終りが来て足が宙に浮くといふのはいけないことで、暗闇の中で階段を登り降りしてゐる際に、まだ一段ある積りで空を踏んだり、もうないと勘違ひして最後の一段を踏み外したりする、あの感じである。例へば、稲が実つて刈り入れがすんだ時、そんな空々しい気持になるものではない。

季節の変化もそれと同じことで、冬が春になれば、それが一日のうちに起つたことでも、その日まで続いた冬を思ひ、身の廻《まは》りの春を不思議なものに感じて、そこに本当の意味では断絶がない。弁慶が富樫の前で山伏の先達をする苦労を語るやうなものだらうか。もうそこに着いたのだから、それまでのことはどうでもいいのではないので、登つて来た山の道はそこまで続いてゐるのであり、その時のことを振り返ることも出来れば、又、そこにゐることに即して未来に対して自信も持てる。オデュセウスが、又しても何か難関に直面して、それまで自分達が通り抜けて来た同じやうな幾多の苦境を思ひ浮べ、ここまで無事に来たのだからといふので勇気を出す所がある。その場さへどうにかなればと躍気になつて奔走するのとは凡そ違つた精神の持ち方で、玉砕は結構であつても、それは後になつて恥を掻《か》かない為《ため》の心構へに過ぎず、第一、そんなことは初めから解り切つてゐる。

つまり、一貫して何かが流れてゐるのであつて、それが自分を運んで行くのを感じることが出来なければ、生きてゐるとは言へない。春になつて、皮膚が寒さで引き締められてゐるのを感じなくなると、そんなことを思ふ。所で、いい酒、といふのは、酒を飲むのに適した状態で酒を飲むのは、さうして生きてゐることを感じさせる。酔つてはゐても、それが或る程度以上になることがなくて、何かの拍子に酔ひが覚め掛ければ、飲み続けるうちに又もとの酔ひに戻る。言はば、精神的に換気装置が完備してゐるやうなもので、飲むことがその装置の原動力になり、飲んでゐる限り、温度にも、湿度にも変化がない。それだから幾らでも飲めて、いつまで続けても同じであり、そしてその状態に飽きることもない。だから、酒を飲んでゐれば、春なのである。尤《もつと》も、秋でも、冬でも構はないが、それを春と言ふのが何となく一番当つてゐるやうな気がする。

夏の酒

文明と文化の違ひは酒と酒を廻《めぐ》る色々なことによく現れてゐる。大体が酒といふのは文明の産物であつて、これは又逆に人間が酒といふものを得た時に文明に向つて第一歩を踏み出したといふことでもある。それで人間と人間の間に付き合ひといふものが生じ、相手の気持を酌むといふことも行はれるやうになつてといふ風に考へて行けば酒が文明とともに育つたものであることは疑ひの余地がなくて、これは人間が文明の状態に達して酒も本当に酒らしくなることが解《わか》る。例へば夏に冷やして飲むスペインのビィノ・ティント、或《あるい》はドイツのラインヴァインは確かに文明の産物であつて、ただ何か醱酵《はつかう》したものを飲んでいい気持になつてゐた太古の時代とは、と言つてもその時代にはその時代で今日では失はれたものが埋め合せにあつたに違ひない。その代りに今日にはかういふ酒がある。

さういふ仕儀であるのは酒のやうなものはその発達と完成に人間の文明の歴史と同じ位長い時間が必要だからで、又その文明といふものと同様に酒も完成の域に一度達すればそれがその酒といふものであり、もつと時間を掛ければ更にどうにかなるといふものではない。その筈《はず》であつて文明をなしてゐるものの大半が物質であるならば酒も物質であつて有限であり、その限度まで来ればそこから後退しないことに今度は人間の努力が向けられる。

又飲む方でもそれで結構であつて精神の活動はその酒に酔つた上でのことである。又その活動の為《ため》にも酒のやうなもので新機軸を出すのは慎重を要することで、例へば白葡萄酒《ぶだうしゆ》は冷やして飲むから日本酒も夏は冷やして飲んだらといふのは片方が米、片方が葡萄で出来てゐるのを忘れてゐるので味が似てゐるから冷やした結果も同じとは限らない。その違ひの一つに白葡萄酒はもとから冷やして飲むのが目的で作られてゐるのに対して日本酒を作る時には全く別な配慮が行はれてゐるといふことがある。このことは翌日の頭痛が教へてくれる筈である。

併《しか》し文化はさういふことを人に無視させる。一般に日本酒を夏冷やして飲むやうになつたことの起りは電気冷蔵庫の普及で、かういふものは文明の状態にとつて必要でないから文化の発達と考へる他ない。その電気冷蔵庫があつて何でも中に入れて冷やしたくなり、それにやがて日本酒が加へられた訳であるが、かうした文化の恩恵と言つていいのかどうか解らないものは日本酒に就《つい》てもただそのことに止《とど》まらない。やはり文化が発達したお蔭《かげ》で、木、金属、陶土、ガラス以外の得体の知れない、併し製造し易い材料で色々なものが作れるやうになり、それで日本酒の容器も一部ではさういふ材料のものが使はれ始めた。これはどんな形にも出来るから使ふ方でも一応は便利で、例へばその容器に酒を密封する仕掛けになつてゐて蓋《ふた》を取るとそれが杯の代りをするといふこと位何でもない話になる。そんなものがどこかの家で出されてどういふ気持がするか解らないが、これは携帯用にも向いてゐる。

それを一箱分も車に積んで人里離れた所に涼みに行き、その容器に入つたのを谷川の水に漬けて置けば直《す》ぐに冷えて来る。それで日本酒を冷やで飲むことのよし悪しは兎《と》も角《かく》として山の中でもその冷やを飲むのは簡単なことになる訳で、その冷や酒を飲んだ後は、これは同じやうなことを考へる人間は幾らでもゐるのだから何《いづ》れは空《から》の容器が谷川の流れを止めることになる。それを文明と勘違ひしてはならなくてこれは文明の跡普《あまね》くではなくて文化の跡普くであり、これも二日酔ひの頭とともに文化の恩恵に数へなければならない。それを反対に弊害と考へるならば文化の弊害にはかういふ詐術があつて、その害を蒙《かうむ》るのは先《ま》づそれが便利で万事手軽にすませることから始り、それがそれだけですむものでないことが解つてからも害を除くよりは便利で通す方がいいといふ風に心理が働いてその挙句に二日酔ひやがらくたの山には眼をつぶることになる。それに二日酔ひには文化が各種の薬を用意してゐる。

と同時に逆に文化を無視することも出来る。別にその声に耳を貸さなければならない義理は人間になくて日本酒のお燗は人肌と昔から決り、これを飲んでゐればお燗が火を聯想《れんさう》させるから暑苦しいやうな気がするのに過ぎないことが夏でも解る。兎に角この方が得体が知れないもので出来た容器に入つてゐるのを冷蔵庫で冷やしたのよりも旨《うま》いことは間違ひない。そしてこれは酒だけの話に止らないのである。例へば氷屋といふものがなくなつてしまつた今日、電気冷蔵庫を使ふのは少しも構はない。所がその冷蔵庫は昔の冷蔵庫と全く同じ具合に使へるのである。例へば無暗《むやみ》に食べものを冷蔵庫に入れない方がいいのは昔と変らず、文明がそれを我々に教へる。

酒と肴

酒を飲み始めると、肴《さかな》のことを忘れてしまふのは悪い癖であるが、これはその酒が日本酒である場合に殊《こと》に多いやうである。何故さうすると肴はどうでもよくなるのかは解《わか》らない。日本酒でも、北海道の蟹《かに》の塩辛から長崎のからすみに至るまで、肴が旨《うま》ければ一層、酒も旨い筈《はず》であるし、又事実、その通りなのであるが、日本酒には又、飲めば飲む程、それだけで益々《ますます》旨くなつて行く性質があつて、北条時頼が小皿に入れた味噌《みそ》を肴に飲んだといふ話はその倹約をもの語るよりは北条家にはいい酒があつたことを示すもののやうに思はれる。つまり、日本酒に関する限り、肴のことを余りどうのかうの言ふのは通振ることになる嫌ひがあつて、その通人振つてゐるのが飲む酒の質まで疑しくする。

これが洋酒だと必ずしもさうは行かなくて、ロシアのウオツカなど、これだけ飲んでゐれば忽ち《たちま》胃潰瘍《くわいやう》を起して、やがて死んでしまふさうである。併《しか》しそれだから飲まないといふのも勿体《もつたい》ない話で、これはウオツカ一杯に付きロシア風の肉饅頭《にくまんぢゆう》一箇の割り合ひで飲み、又食べればどうもないし、旨いといふことになつてゐる。これはやつて見たことがないが、ロシアのキャビアを肴にしてもウオッカは旨いもので、この取り合せは、最近はよくある立食式の会合で何かカクテルと呼ばれてゐるやうなもので擬《まが》ひもののキャビアをパンに載せたのを食べるのに遥《はる》かに勝つてゐる。ウオッカといふのは、それだけ飲んでゐる時はさうは思へないが、実際は相当に脂つこい飲みものらしくて、それがキャビアの脂つこさと妙に調和し、これならば何杯でも飲みたくなる。併し胃潰瘍の方は保証出来なくて、肉饅頭一つに匹敵する耐久力を得るのにキャビアをどの位食べればいいのか、仮にそれが解つても、キャビアはさう無闇《むやみ》には食べられない。尤《もつと》も、ウオッカの方を加減するといふ手もある。

キャビアで思ひ出したがロシアのキャビアと同じ位、御馳走《ごちそう》になつてゐるものに、フォア・グラといふ、家鴨《あひる》の肝をシャンパンで練つたものがあつて、これがシャンパンとよく合ふ。シャンパンに肴が是非なくてはならないといふことはなくて、これはシャンパンが出るのが食事がすんだ後である為《ため》に、それまでに相当に食べてゐる勘定になるからであるが、もし何か肴が欲しければ、このフォア・グラが恰好《かつかう》である。フォア・グラがどんな風に作られるのであつても、どうもこれは家鴨の肝とシャンパンを掻《か》き混ぜて程よく泡立つたのを何かの方法で固めたのだといふ感じがして、そのシャンパンの泡となつた珍味をシャンパンの肴に食べるのだから合ふ筈である。この味はそんな風にでも説明する他ない。そのフォア・グラには、所どころ真つ黒になつたフランスの蕈《きのこ》が入つてゐて、これもなかなか宜《よろ》しい。シャンパンも、フォア・グラも、どう考へても安いものではないが、どうせこんなものを飲んだり、食べたりするのは人に御馳走して貰《もら》つてゐる時であるからその点、心配することはない。

そのフォア・グラを肴に、一本四千五百円ばかりするフランスのブルゴオニユ産の赤葡萄酒を飲んだことがあつた。勿論《もちろん》、これも人に御馳走になつてだつたが、ブルゴオニユの赤葡萄酒といふのは家鴨、又それよりも更に野鳥の料理を食べながら飲むと殊に旨い（秋山徳蔵氏が言ふ野ジビである）。ウオツカは何か食べながらでないと命が危いのに対して赤葡萄酒は命の点は心配はなくてもそれに合つた食べものと飲んだ方が確かに旨い。赤、白を問はず、葡萄酒といふのが一般にさういふものであるらしくて白葡萄酒に生牡蠣《なまがき》、今挙げた赤葡萄酒に野鳥、それからただ家鴨を焼いただけのものでも、何もないのよりも赤葡萄酒が旨くなる。普通は白葡萄酒が魚と飲むもので、赤葡萄酒が肉といふ風に言はれてゐるが、これはどこまで本当なのか解らなくて生牡蠣に赤葡萄酒を出すやうな成金が余り客を悩まさないやうにかういふ規則が出来たのではないかと思ふ。それでは、ヴァン・ロゼといふ赤でも、白でもない葡萄酒の時にはどうするのだと聞いたら規則の方で困つてしまふに違ひない。

話をここで落して、ビイルの肴には何がいいかといふことになるとビイルも日本酒と同様に何もない方がいいのではないかといふ気がする。ドイツのミユンヘンの国立ビヤホオルでは大根を切つたのに塩しか出さないさうである。その他に南京豆にソオセエジの切れつ端、干《ほ》し鱈《だら》、チイズだの、随分色んなものがビイルと一緒に持つて来られるのを我々は皆、経験してゐる訳であるが、その中で旨いと思つたものは一つもないから大根と塩が案外、一番いいのかも知れない。つまり、ビイルの肴にして旨かつたり、その肴でビイルが旨くなつたりするものは何もないといふので、強ひて言ふと、急いで外で食事をしてゐる時に何かこつてりしたシチュウといふやうなものを飲み下すのにビイルは合つてゐる。味のことなど考へてゐる暇はないし、それでもアルコオル分はあるから食べものと一緒に二、三本空ければ、少しはいい気持になる。

大体、酒と肴といふ種類のことを考へる気になるのは暇な時である。当り前な話かも知れないが、これは頭も本当に暇になつてゐなければ取り合せなどといふことを幾ら工夫しても、或《あるい》は通人の話に忠実に従つても、大した効果はないのでゆつくり飲む心構へ、或は精神状態になつて始めてブルゴオニュの赤葡萄酒に野ジビといふやうなことを思ひ出す。或は日本酒に肴はなくてもいいと言つても、場所は灘《なだ》で明石鯛《あかしだひ》の刺身に灘の酒といふことになれば、そして又その気になつてゐれば、酒は舌の働きを活発にして鯛がこんな味がするものかと驚かせ、その味に負けない酒の味で酔ひが滑かになる。かういふ境地は確かに酒と肴の取り合せの功徳であつて、その時、急いでゐては勿体ない。併し又、それだけの取り合せでなくて、ただ牡蠣酢か何かで飲んでゐる場合でも急いでゐては意味がない。ただ酔ふだけが目的ならばウイスキイといふものがあつて、これもどういふものを食べると旨いといふことは別になくてもウイスキイならばあり合せの缶詰めを開けても結構、肴になる。

酒、肴、酒

いつだつたか、酒のことを非常によく知つてゐる男が給仕長をしてゐるロンドンのホテルの食堂で食事をしてゐて、何とも旨《うま》い赤葡萄酒《ぶだうしゅ》をその給仕長が持つて来たので誉《ほ》めたらば、かういふ酒ならば料理なんかない方がいいといふ返事だつたのにはこつちもその通り、その通りと賛成したくなつた。尤《もつと》もそれでは食堂の商売が立ち行かなくなる訳であるが、兎《と》に角《かく》、それで見ても解るやうに、西洋でも酒が本当に旨くなるとつい食べる方がお留守になる。併《しか》しそれで自分は酒飲みだといふので満足してゐられるものかどうかは別問題で旨い酒を飲んでゐれば食べることを忘れるのは確かであつてもそれが酒を飲むのに最も適したやり方だとは決つてゐない。それならば誰も酒の肴《さかな》などといふものを考へはしない筈《はず》である。

大体、どこの国の料理でも、それが酒を飲みながら食べるものだといふことが中心になつて作られてゐるので、これには必ず何百年間かの工夫が凝らされてゐるのであるからそれを食べながら飲んだ方が酒も旨くなるのでなければ可笑《をか》しい。例へば、西洋料理にはかういふことがあつて、ブランデイは葡萄で作つた酒の中でも王者の地位にあるといふ感じがするが、これを本当に旨いと思ふのは白葡萄酒や赤葡萄酒が付いての一通りの料理を散々食べた後である。これは或《あ》る意味では酒の肴といふこととは違ふかも知れない。併しそんな時にブランデイが旨いのはそれまでに飲んだ酒や食べた料理の味がまだ舌に残つてゐるからで、さうするとこれはその味を肴にブランデイを飲んでゐることになる。それが酒の肴といふものの目的でもある。もつと簡単な例がチイズにウイスキイであつて、チイズの味や匂《にほ》ひでウイスキイの味や匂ひを引き立てるのであるから、さういふ時にチイズがあつた方がいい。

それでもと反対したい場合には、かういふことが考へられる。確かに酒といふもの自体の味が多くは微妙を極めてゐて、その上に酒であるので酔ふから、酔ひながらその味を楽んでゐればそれ以外のものがなくてもよくなるのは道理である。昔、西園寺公は月夜の晩に、二階に上つて酔ひの暑さ凌《しの》ぎに真つ裸になり、酒樽《さかだる》を一つ前に置いて一晩中、飲んだといふ話が残つてゐる。さういふ時に肴は余計であり、酒の味が酒の肴にもなる訳であるが、これは旅行をしてゐるか何かして特別にさういふことが出来る場合であつて我々の毎日の生活ではそれ程までに酒に義理立てすることはない。

やはり食べ物と同格で、酒も我々の生活の一部をなしてゐるものでなければ色々な意味で釣り合ひが取れず、それで酒と食べものを同格に置くと、食べものの中でもそれと一緒に酒が飲めるものと飲めないものがあることになり、そこは自然の妙理で、どうも酒の肴になる食べものの方がならないものより食べものとしても上等のやうである。

これは一般に酒の肴であることになつてゐるものを酒抜きで熱い御飯と一緒に食べると直《す》ぐに解ることで、例へば烏賊《いか》の黒づくり、筋子や蟹《かに》などの塩辛、各種の漬けもの、それからこのわたに至るまで御飯さへよく炊けてゐて熱ければ、それに添へてこんなに旨いものがあるだらうかと思ふ。そして不思議なことに、これはパンにバタを沢山塗つて験《ため》して見ても同じことで、このわたでもさうして食べて決してまづくない（尤も、これは生牡蠣《なまがき》を食べる時も同じことでレモンの汁を少し掛けた方がいいかも知れない）。

さうした細々したものの分野では酒の肴にもなる、従つて御飯のおかずになるものは実に多くて、殆《ほとん》ど日本の各地方毎に何かそこの特産で旨いものがある。或る所の名物だから旨いとは限らないが、例へば琵琶湖の鮒鮨《ふなずし》、福井の生雲丹《なまうに》、金沢の蕪鮨《かぶらずし》、広島の広島菜、岩国のうるかと、思ひ出し始めると幾らでも頭に浮んで来る。

それ故に逆に、別に酒の肴と考へられてゐる訳ではなくても旨いものならば酒の肴になるので前に神戸であの辺の銘酒と一緒に出された明石鯛《あかしだひ》の刺身の味が忘れられない。

併しそんなことを言へば、要するに、御馳走《ごちそう》は何でも酒の肴になるのであつて、鯛で行けば、神戸から少し先へ行つた岡山、尾道辺りの鯛の浜焼きでも、或《あるい》は、これはそれ自体が一種の飲みものであるが、金沢の鯛のこつ酒でも、酒と一緒に出されて嬉《うれ》しくならないものはない。何も魚に限つたことではなくて、長崎の豚の角煮でも、或は金沢の鶏のじぶ煮でも、或はどこでも取れる野鳥の焼き鳥でも、これを肴に酒を飲むことが出来る。勿論《もちろん》、日本酒の話で、日本酒といふのが何にでも合ふやうなのはその作り方にそれだけの工夫がしてあるのに違ひない。

恐らく、合はないのはカレイライスといふ風な辛い食べものだけで、かういふ食べもので飲めるのはビイル位のものだから、これは日本酒のせゐではない。

併し兎《と》に角《かく》、旨いものならば何でも酒の肴になり、旨い酒にはそれと食べられる食べものがある筈だといふことを積極的に利用して酒にも食べものにも工夫を凝らしたのが西洋料理である。一般に、魚介類、及び鶏の料理には白葡萄酒、獣の肉及び野鳥（雉《きじ》、小綬鶏《こじゆけい》、鴨《かも》、鳩《はと》など猟で撃つ鳥の全部）を使つたものには赤葡萄酒といふことが言はれてゐるが、これは自分で判断出来ない時にさうすれば間違ひがないといふ一つの基準を示したもので赤葡萄酒を飲みながら食べるのに鶏の料理がよく合ふといふことも充分に考へられるし、又例へば、シャンパンはどうかと言ふとこれはどんな料理で飲んでも旨いから初めから終りまでシャンパンで通せば申し分ない（尤も、値段の点は別問題である）。併し、シェリイその他、食前に飲む酒で始つて、魚、肉、野鳥といふ風に白葡萄酒、赤葡萄酒などが入れ替り、立ち替り注がれるのに従つて運ばれて来る西洋料理といふものは酒も食べものも一口毎に妙味を増す趣向になつてゐて、偶《たま》にはさういふ料理が出る集りに呼ばれたいものである。

例へば、ブルゴオニュ産の赤葡萄酒と野鳥を使ふ料理の取り合せは酒と食べものの何《いづ》れも複雑な味が双方の引き立て役になつていつまでもこの酒とこの野鳥の料理が続けばいいといふ感じになる。併しそこが酒といふものに対する食べものの限界であつて、酒を飲む分には途中で必要な時間だけ眠ることさへ出来れば際限なく飲んでゐられるが、食べものの方はさういつまでも食べてゐられなくて、それで新手の料理が出て来てこつちの食慾《しよくよく》を刺戟《しげき》してその引き立て役に酒も別なものに変る。そして最後にブランデイになつて全く天下泰平といふ気分に浸ることになる。この場合、途中で菓子が出て来ても、これも酒を使つて作つた菓子で酒の肴になり、その点では西洋料理の方が日本料理よりも或は優《まさ》つてゐると言へるかも知れない。かう書くと、それだけでごてごてしてゐる感じがするのが、実際に本式の西洋料理に当つて見ると寧《むし》ろ豪奢《がうしや》で、山海の珍味といふ言葉がそのまま当て嵌《はま》るのである。

さういふ飲み方、又、食べ方に馴《な》れた西洋人が少し日本酒のことも知るやうになつて、例へば、菊正宗、千福、白鹿《はくしか》、賀茂鶴《かもつる》といふ風に、日本酒もその醸造元によつて味がそれぞれ違ふのだから何故、西洋料理と同じやり方でこの料理にはこの銘柄の酒といふ具合に酒を変へて酒も料理も更に旨くする工夫をしないのかといふ種類の説を立てたりする。

併しこれは当つてゐない。西洋の酒でどんな料理にでも合ふのはシャンパンだけであるが、日本酒といふのはその点でも非常な工夫がしてあつて日本の料理である限りどんなものでも味さへよければそれで飲めるやうになつてゐる。つまり、菊正宗と千福の違ひといふ風なことは色調の問題であつて、途中で酒を変へれば、厳密に言へば、色調を乱すことになり、樽で来た極上の菊正宗で飲み始め、食べ始めたならば、終りまでその菊正宗で行くのでなければ折角の気分が壊される。

といふやうなことを言ふ時、既にこれはお講釈である。そんなものを聞かされるよりも自分の気に入つた肴でなるべく旨い酒を実際に飲む方が、どんなにいいか、これはお講釈をするまでもない。

III

旅の食物誌

酒を道連れに旅をした話

何の用事もなくて、どこかに旅行することが、戦後、原稿に追はれ通しの何年間かの夢だつた。何の用事もなしにといふのには、訳があつて、終戦直後には疎開先の家族を連れて来る為《ため》に、又その後も二度ばかり荷物を引き揚げに、東北本線で福島の方まで行つたことがある。旅などと言へたものではなかつた。切符を手に入れるのが一苦労で、その切符で汽車に乗るのが又一苦労、乗れば今度は目的の駅で降りられるかどうか解《わか》らないといふ始末で、今思ひ出して見ても旅などといふ考へとは凡《およ》そ縁遠い終戦後の混乱の延長だつた。それでも用事があれば出掛けて行かなければならない。それで、用事も何もなしに、そしてその上に昔のやうにゆつくり汽車に乗つてどこかに行くといふのが、とても実現出来さうもないことだけに、昔の洋行位の魅力で旅へと心を誘つた。

緊急の目的があるもの以外はどうとかいふ、戦争中の合言葉が、客寄せの国鉄の広告に変つて、特急「つばめ」が復活したり、その展望車の天井が桃山時代の豪奢《がうしや》な様式のものだとか伝へられたりしたことが、旅の時代が既に戻りつつあることを知らせてくれた。変らないのはこつちの生活状態で、さうなると、今度は、宝籤《たからくじ》が当ることが夢みられたりした。

よくしたもので、さうしてゐるうちに或《あ》る時、出版社の弱みに付け込んで、この原稿を書き上げたら京都に旅行させて貰《もら》ふといふ条件を出す機会が生じた。原稿の最後の分を徹夜して書き上げて、その晩、東京駅に駈《か》け付けたのが、昨年の秋、と言つても、こつちの気持の上では、恰《あたか》も春だつた。旅行するのは前から、関西と決めてゐた。そのもつと前の度々の経験から、日本の鉄道の中で東海道線が最も馴染《なじ》み深くて、又戦後の京都がどんなになつてゐるかといふことも、郷愁に似た関心を唆《そそ》つて止《や》まなかつたのである。

原稿と言つても、それが千三百二十枚といふ大仕事だつたことを、ここで断つて置きたい。だから東京駅に着いた頃は、仕事が終つた安心と、その安心に基いて一日中、飲み続けた酒とで、全く陶然として何か黙し難い気分になつてゐた。だから、春みたいだつたと書いたのである。

乗つた汽車は八時半にたつ「銀河」だつた。確かに、これは東北本線を貨車に積まれて行つた時代には、とても考へられなかつたやうな代物である。この夜行は切符が制限されてゐるのかどうか知らないが、兎《と》に角《かく》、早く行つたせゐか、空いてゐる席の方が多い位で、発車の時刻になつても、混んでゐるといふ感じはしなかつた。窓の下を見ると、灰落しが壁に取り付けてある。旅の時代が戻り、煙草《タバコ》の時代も戻つた訳である。終戦直後は、東京駅のガアド下に、何と度々十本二十円のモクを買ひに行つたことだらうか。それと同じ値段で、兎に角モクよりはましな煙草を、今は駅で売つてゐるのだから世話はない。この灰落しも気に入つた。

その同じ灰落しで思ひ出したが、その後、始めて湘南《しやうなん》電車の二等車に乗つた所が、その方が「銀河」の客車よりも更に立派なのには驚いた。やはり窓の下の壁に灰落しが取り付けてあつて、その恰好《かつかう》も「銀河」のに似てゐる。併《しか》し席の坐《すわ》り心地はもつとよくて、それにどういふのか、「銀河」よりも車内が明るい感じがする。「銀河」が夜行だからではない。湘南電車に乗つたのも夜である。そして乗つてゐて、これで又京都まで行けたらと思つたものである。

併し「銀河」に、これが「銀河」といふ急行なのだと思ひながら乗つた時は、そんなことは知らなかつた。広々としてゐて、席の背は後に反り返り、窓の下には灰落しが付いてゐて、その上にこの汽車に乗つて京都に行くのである。いい気持だつた。ただ残念だつたのは、噂《うわさ》に聞いたやうに、生ビイルを呼び売りする売子がゐなかつたことである。これもその後に解つたことであるが、汽車が発車するこのフォオムの、有楽町寄りの階段を降りて行くと直《す》ぐ左側の売店に、その生ビイルを売つてゐる。その時知つてゐたならば、汽車が出るまでにまだかなり時間があつたので、二、三杯は飲めた筈《はず》である。併し、又、その時の心理から言へば、出掛けて来る前に出版社で飲まされたジンがまだ体をぽかぽかさせてゐて、積極的に生ビイル屋を探さうといふ気も起らなかつたのである。

発車の時刻が来て、汽車が動き出した。これは、予《あらかじ》め楽みの一つに数へてゐたことではなかつたが、汽車が、まだ振動を感じさせない速度で前に進むにつれて、フォオムの柱が一本毎に後へ後へと行くのを見ると、或る記憶が甦《よみがへ》つて来て、懐しい気がした。戦争前に、小遣ひが七十円溜《たま》ると、早速「つばめ」の三等で京都、奈良の仏様を拝みに行つてゐた頃、朝の九時少し前に東京駅に円タクで乗り付け、「つばめ」の指定された客車に納ると間もなく、ベルが鳴つて、汽車が動き出し、今と全く同じ具合に、フォオムの柱が一本、一本、後退して行つた。さうすると、書き掛けの原稿や、ヴァレリイの解らない箇所などの重荷を忘れて、ああ、これから旅に出るのだと、決つて思つたものだつた。そしてその頃は、もう忽《たちま》ち今度は食堂車から昼飯の予約注文を取りに来るのが待ち遠しくなつた。その食堂で昼飯に出される変に脂つこくて塩辛い南京豆が楽みだつた。

「銀河」に食堂車がないとは知らなかつた。その意味では、八時に出る二、三等急行の方を選ぶべきだつた（この急行には、食堂車が付いてゐるといふ話だつたやうである）。併しもつと期待を掛けてゐたのは、東京駅は兎も角として、大きな駅ならどこでも売つてゐると聞いた生ビイルで、この期待は裏切られなかつた。最初にそれを見付けたのは小田原駅で、早速二杯買つた。厚いボオル紙の容器に蓋《ふた》が付いてゐるのに入つてゐて、この容器が普通のビヤホオルの中ジョツキよりは少し小さいから、一杯百五十円では決して安いとは言へない（尤《もつと》も、その後値下げになつたかも知れない）。併しこつちはその時は、千三百二十枚の大仕事をやつた後である。一人で両手に二杯しか買へないのが惜しい位だつた。直ぐ飲めばよく冷えてゐる。そのうちにボオイさんがやつて来て、次の駅では、ボオイさんに二杯買つて貰ひ、自分で二杯買つて、合計四杯づつ都合して行つた。序《つい》でに何か肴《さかな》を買つて来てくれと頼んだら、塩豆を一袋持つて来たのには失望した。生ビイルを冷やしたのがあるのなら、鳥の手羽焼き位売つてゐてもよささうである。併しそのうちにどこかの駅で、実に旨《うま》い焼売《シユウマイ》を見付けた。大きくて、肉がたつぷり入つてゐる上に、胡椒《こせう》がよく利いてゐる。それがどこの駅だつたか、覚えてゐないのは残念である。静岡だつたかも知れない。

要するに、小田原駅で最初にビイルを買つた後は、どことどこの駅でビイルを売つてゐたかといふことも、よく覚えてゐない。帰りの汽車で見てゐたら、小田原の次は熱海であるが、熱海に着いた時は、まだ小田原のビイルを飲んでゐたやうである。焼売は買ひ過ぎて、何しろもう深夜のことではあり、遂《つひ》に朝までに食べ切れず、京都で降りる時に一箱、汽車の中に残して来た。この晩の印象を今言ふならば、汽車がごとごと、ビイルをがぶがぶ。汽車が駅に止る。ボオイさん、すまないけれど又ビイルを買つて来て下さい。——どうも有難う。いや取つて置いて下さい。発車のベル。汽車がごとごと、ビイルがぶがぶ。そのうちに席の廻《まは》り一面にビイルの白つぽい紙の容器が溜つて行く。他の客はもう大概寝てゐるから、気にするものもない。そのうちに、流石《さすが》に眠くなつて、昼間ならばもう山の形や町の恰好が、段々、関西風になつて来てゐるのがはつきり解る辺りまで来てゐると思はれる頃から、眠つてしまつた。併しその次に目を覚して、朝風に吹かれて降りて見た駅が米原だつたのだから、余り長くは眠つてゐなかつたらしい。米原から先は外がもう明るくて、琵琶湖も、京都に着く前に潜《くぐ》るトンネルも、それを通つて汽車から見え始める京都の景色も、昔と少しも違つてゐなかつた。

旅と食べもの

旅に出る楽みの大部分は、食べることにあるやうな気がすることがよくある。その他に見聞を広め、といふ風なお座なりは別としても、景色を眺めるとか何とかいふこともあるにはあるが、併《しか》し例へば東京を夜汽車で立つて、明日はどんな綺麗《きれい》な景色が見られるだらうなどと、そんなことを楽みに思ふことが出来るだらうか。かういふことを書くのが独断であることは、勿論《もちろん》、知つてゐる。併し手取り早く言つてしまへば、どこに行つたつて綺麗な景色よりも食べものの方が沢山あるのに決つてゐる。

旅は汽車で行く場合が多いとして、汽車には弁当が付きものである。一時は、汽車に乗つて弁当を食べるどころではなかつたが、これは変則なので、昔は汽車がどこの駅に着いても、何か食べるものを売つてゐた。そして沼津の三色弁当は、などと通を振り廻《まは》さないでも(第一、この記憶は余り正確ではなくて、そんな弁当はなかつたのかも知れない)、汽車の弁当には或《あ》る共通の特殊な味があつて、これはどんな一流の料理屋でも真似《まね》が出来るものではなかつた。何かかう、安つぽくてそして旨《うま》い味がして、例へば鰤《ぶり》(に似たもの)

の照り焼きだの、里芋と何かの肉を一緒に煮たのなどは、目隠しされて食はされても、汽車の弁当だと直《す》ぐに解《わか》る、実にどうにもならない郷愁を誘ふやうな風味があつた。あの味が解らない人間が料理の話をするなんて可笑《をか》しくて、――などと言つたりしては、又独断になる。

大体、これも昔の話なのだが、駅で売つてゐる弁当に三種類あつて、その一つは、御飯とおかずが一緒に折に入つてゐるもので最下級、それから御飯とおかずが別々の折に入つてゐるのが二種類あり、折が長方形のと、四角いのとで、どうもこの四角い方のが中身がいいやうだつた。勿論、この駅弁の味といふものは、解らない人間は解らないのだし、解つてゐる人間には一言で用が足りるのだから、余り書きでがない話なのだが、あの四角い折が二つ重なつたずつしりした重みも、それを膝《ひざ》の上で開いておかずをあれこれと突つき、最後にごまめとなり、切り烏賊《いか》が隅の方に一塊り入れてあるのに辿《たど》り着いた時の味も、今だに忘れ難いものである。

昔の話ばかりしてゐるのは、この頃は汽車に乗つても、どこの弁当が旨いのか解らないからで、兎《と》に角《かく》、食堂車が大体昔に近い形で復活したのは有難いことである。この食堂車で出す料理の味にも、何か格別なものがある。昔はこの食堂車の定食には必ず南京豆が、銀だか、ニッケルだかの小皿に盛つて食器一式とともに置いてあつたものだが、この南京豆の味が、食堂車の料理の味を端的に語つてゐた。バタで揚げて、塩を掛けたこの南京豆は、バタと塩と南京豆の味が三つとも確かにあり、その配合に至つては、恐らく一流のバタ・ピイナッツ作りに言はせれば出鱈目《でたらめ》で、これをぽりぽり嚙《か》みながら汽車に揺られてゐると、旅に出たといふ感じがいやでも胸の奥底から湧《わ》いて来た。

それに就《つい》ては文句があるのだが、昔、汽車の食堂車で出る定食はフランス式で、例へば夕食ならば先《ま》づスウプが出て、それから何か解らない魚をこちやこちや揚げてから又煮たやうなの次に、仔牛《こうし》と称するものの小さな塊りを魚よりも一層こつてり仕上げたものが出て、その次が何か別な肉を一塊り、やはり訳が解らない風に仕立てたもの、といふ具合に、一口ばかりのものが何度も運ばれて来て、その何《いづ》れもが紛れもない食堂車の料理であり、その暇に南京豆を嚙《かじ》つたり、パンにひどく塩辛いバタを付けて食ふといふ次第で、その間に汽車が鉄橋を渡つたり、トンネルを潜《くぐ》つたりして、実にいいものだつた。それがこの頃は、アメリカ式に変つたのである。

つまり、分量は同じなのかも知れないが、その魚や、肉や、何か別な肉が盛り合せ式になつてゐて、ゆつくり食事をしようとすれば、終りまで残して置いたものが冷えてしまふし、熱いうちにと思へば気忙《きぜは》しくて仕方がない。第一、間に南京豆を嚙つたり、ビイルを飲んだりすることが出来なくて、その為《ため》か、南京豆も付いてゐない。ただ栄養を取ればいいといふのなら、何も揺れる客車の中を食堂車までふらふら歩いて行かなくても、家からサンドイッチを持つて行けばすむことではないか。汽車の弁当は初めから冷えてゐるのだから、時間を掛けてつまむことが出来るが、シチュウが冷めれば脂が固つてしまふ。だから食堂車の料理は一握りばかりのものを何度も持つて来るフランス料理に限る。

併し今日の食堂車でも、楽めない訳ではない。「つばめ」が東京駅を出ると間もなく、「皆様（とか何とか前置きして）、一品料理の仕度が出来ましたから、どうぞお越し下さいませ、」と拡声器に特有の女声で知らせてくれる。それで早速出掛けて行つて、先づビイルに、それからこれは無難だから、ハム・エッグスを注文する。ハム・エッグスが来たら、辛子をハムにも卵にも一面に塗り付けて、その上にソオスをたつぷり掛けると、不思議に正直な味がして、実にいい。それで、今気が付いたのだが、昔の食堂車の料理があんなに旨かつたのは、安い調味料をふんだんに使つたからではないだらうか。あれは西洋風の砂糖醤油《じゃうゆ》の味だつたのである。

それは兎も角、そのソオスと辛子でまぶしたハム・エッグスを肴にしてビイルを飲む。さうすると、景色が窓の外を流れて行つて、芝から銀座の方に行く大通りに掛つてゐるガアドを通つてゐる時も、国電の窓から見たのとでは眺めが違ふ。歌舞伎座のてつぺんから立見するのと、桟敷から見るのとの違ひだらうか。そんなことよりも、ビイルをあふりながら辛子とソオス漬けのハム・エッグスを突ついて、それで悠然として家だの通りだのを見降す心境の問題らしい。併しハム・エッグスはいつかはなくなるから、それで今度は、——何にしようか。ビフテキは少し重過ぎるから、魚のフライでもいい。これもソオス漬けにして、もつとビイルを注文する。食堂車の方では商売なのだから、幾ら長くゐたつて、ものを注文さへしてゐれば文句があらう筈《はず》はない。

そしてそれは又、こつちがしたいことでもあつて、注文して飲んだり食つたりする為に食堂車に来てゐるのである。ビイルが廻つて来ると、一層気分が落ち着いて、横須賀線で鎌倉などに行く時には見逃してゐることも眼に入つたりするし、女給さんの風情も増す。そのうちに、汽車が生ビイルを売る駅を通るやうになるから、一度自分の席に戻つて、そこで生ビイルを楽んでゐるうちに昼の食事の時間になつて、又食堂車に行くといふ訳で、大阪に着くまでの大部分の時間を食堂車で過すことが出来るし、景色を眺めるにしても、ものを考へるにしても、汽車の旅行はこれに限る。席がいいといふことも勿論あるが、これは一つにはビイルだのソオスだので絶えず体にエネルギイを補給してゐるからではないだらうか。眼も、頭も、生き生きして来るのである。

旅と食べものの話をする積りで、つい汽車の食堂車で食べるだけでなしに、飲む話を長々と書いてしまつたが、勿論目的地に着いて汽車から降りた途端に、食べる楽みと縁が切れる訳ではない。旅は、用事は別として、名勝古跡を尋ねる為のものと普通考へられてゐる。これに異存はないので、名古屋城や、法隆寺の壁画や、金閣寺は、なくなる前に見て置かないとなくなつてしまふ危険がある。併し法隆寺の壁画などといふものは、一度見ただけですむものではない。見に行つて少しでもいいと思へば、必ず又見に行きたくなるもので、それで何度も何度も行くやうになれば、これはもう旅ではなくて日常生活の部類に入つて来る。そして一度見に行つて何とも思はないならば、見に行つただけ損である。

所が、食べものはさうではない。どんな片田舎の駅前の食堂で食べた親子丼だつて、それにはそれの風情がある。見知らない町で、言葉も碌《ろく》に通じない客に囲まれて辺りを眺め廻し、自分の家や仕事などのことはどこか遠くに霞《かす》み、土間には紛れもなく温い日光が差してゐて、口から胃に流し込む親子丼の味を、口は、「旨いぞよ、」と頭に報告してくれる。腹が一杯になつて来ると、知らない所に来てゐる好奇心が、腹一杯になつた人間の満足感と一緒になつて、生きてゐることが有難くならなければどうかしてゐる。この、環境はすつかり違つてゐて、人間にとつて本能的なことだけが残り、それがいつもとは違つた新鮮味を帯びるのが旅といふものを楽しくし、旅で食べるものをあんなに旨くするのだといふ気がしてならない。

かう書いた後で、旅先で食べた何々屋の何といふちやんとした料理のことを褒めると、褒めたのかけなしたのか解らなくなつて恐縮だが、そんなけちな詮索《せんさく》は抜きにして、昨年、大阪で大久保恒次氏に御馳走になつた「生野」の鰻《うなぎ》は旨かつた。しこたま飲んだ後で食べたのだから味など解る筈はないと言はれるかも知れない。併しあれだけ飲んだ後で、それも鰻のやうに脂つこいものがお代りしたい位旨く感じられたのであつて見れば、あれは旨い鰻に違ひない。と同時に又、あの時の酒にしても、鰻にしても、旅をしてゐて子供心に戻つてゐなかつたならば、あれだけのものに思へたたらうか。けなしてゐるのではなくて、いい料理も旅先で食べれば一層よくなることを指摘したいのである。だから、「目黒のさんま」には一面、殿様自身は気が付かなかつた真実が隠されてゐると言つて差し支《つか》へないのである。旅に出ると、旨いものは益々《ますます》旨くなり、さう大してどうといふことはないものでも、やはり旨い。昔、大和辺りの仏様が見たくて毎年奈良に行つてゐた頃は、うどん屋に狐《きつね》うどんを食べに通つたものだつた。それも朝のことが多くて、ホテルの朝食の時間が九時だつたか何だつたか、いつもこつちがまだ寝てゐる頃に終つてしまふので、うどん屋でなくてもどこかに食べに出掛けなければならなかつたのである。そしてそれには、狐うどんが丁度よかつたのかも知れないが、それにしても関西のうどんは旨い。

関東では、うどんは田舎に行かなければなくて、その思ひ出も手伝つて奈良に行くとうどん屋を探したのかも知れない。大体、東京の廻りの田舎といふのは景色がひどく単調で、関西の仏様を見に行く金もなくてむしやくしやしてゐる時にわざと八王子だとか、厚木だとか、何も面白いものはなささうな所を歩き廻りに出掛けると（厚木と言つても、戦争前の厚木である）、その景色が寂しいことはもの凄《すご》い位で、泣くにも泣けない心境になり、その原因の一部が、腹が減つてゐることにもあるのだといふことに気が付いて入つたそこら辺の食べもの屋の多くはうどん屋だつた。

それが奈良では、うどんが何か別なものではないかと思はれる位に旨い上に、その同じ兎に角うどんと称するものを食べた関東の荒涼たる風景が時々頭に浮んで来て、これから聖林寺だとか、薬師寺だとか、関東と比べればバリ島に来た位の違ひがある場所で一日を過しに行くのかと思ふと、うどんは更に白くなり、汁は一段と薄味になつた。うどんばかりでなくて、景色でも何でもが関西では柔い感じがするのは何故なのだらう。日本の文化の中心が関西にあつた頃の方が、我々は文明人だつたのかも知れない。

併しさういふ手が込んだやり方でうどんが旨いと思はなくても、奈良にはもつといいものがあつた。猿沢の池の上を通つてゐる坂道の脇に、昼間は茶店が店を締めてゐるのかと思ふやうな小さな家があつて、夕方になるとそこに赤い軒灯がついた。それで、或る日、何があるのか入つて見ると、それが懐石料理をやつてゐる店だつたのである。そして懐石料理といふのは中身だけのことで、例へば、右手で箸《はし》を取り上げた時は必ず左手で耳を掻《か》き、後を向いて軽く咳《せき》をするといふやうな、さういふ難しい作法は知らなくてもすんだのだから、極楽に行つたのも同じことだつた。

懐石料理といふのは、つまり、この頃はもう汽車の食堂車から姿を消したフランス料理のやうなもので、旨いものが少しづつちよこちよこ出て来る間に酒が幾らでも飲めるのだから、実際、これ以上にいいものはない。どの部屋も三畳位しかない小さな店で、窓の外が藤棚、藤棚の向うが猿沢の池で、そのうちに夕闇《ゆふやみ》が夜になり、奈良の町の明りが瞬き出して、それでもまだ料理が運ばれて来るのが続き、お銚子《てうし》のお代りを持つて来るのも止《や》まなかつた。何度も行つたのに、どんな料理が出たか、木の芽田楽があつたことと、どの料理も御馳走《ごちそう》だと思つたことの他は、頭に残つてゐない。酒も、申し分がなかつた。

この天国行きの料金が十円で、当時としてはさう安くはなかつたが、旅行してゐる時は気が大きくなるものだし、十円の晩飯をさう高いやうに感じないから、実は、この店を見付けて以来、ホテルで食事をすることなど考へられなくなつて、毎晩、赤い軒灯がつく頃を見計つて出掛けて行つた。その軒灯がなかなかつかなくて、まだその辺をうろついてゐる鹿《しか》を味気なく眺めながら、公園の中を歩き廻ることもよくあつた。今でも、それが赤くぽつとついた瞬間のことが忘れられない。それで思ひ出したが、これは「柳茶屋」といふ店だつた。戦後に又始めたかどうか、そしてやはりあんな親切な料理を出すのかどうか、折があれば行つて確めて見たい。

それで思ふのだが、旅に出るのならば、金をなるべく沢山持つて行くことである。でなければ、行く先々の土地で食はして貰《もら》ふ覚悟でその土地に馴染《なじ》むか、どつちかで、宙ぶらりんの予算の旅程つまらないものはない。食事をするのにも、何をするのにも、かうすれば安く上るなどといふことを考へてゐたのでは日常生活の延長で、それ位ならば旅費の分だけどこか手近な場所で飲んだ方がいい。ちよつとした距離の所に汽車で行けば、片道だけで千円は掛つて、千円あればお銚子が十本、鰻ならば五人前、ワンタンならば二十杯、さう思つてどこか支那料理屋の隅ででも悠々とやつた方が、ずつと旅に出た気分になれる。いつだつたか、外国で少し旅の気分を出し過ぎて、月々の送金が届くことが解つてゐる期日よりも大分前に懐具合がうすら寒くなり、勘定して見ると、煙草《タバコ》銭の他に、金が来るまで毎日、その時ゐた所から相当な距離にあるビヤホオルまでビイルを一杯飲みに行く位しか残つてゐないことが解つた。それも勿論、そこまで行き帰り歩けばである。だから三、四日分を一度に飲んでもよかつたのだが、その翌日も、翌々日も一杯のビイルさへ飲めないことになるのかと思ふと空悲しくて、たうとう一週間かそこら、毎日歩いて行つて一杯飲んでは、又歩いて帰つて来た。

その時の辛《つら》さには、何か実際、言い難いものがあつた。考へて見ると、旅といふのは日常生活からの解放であつて、それだけに、寂しいものでもあるので、それを飲んだり食つたりして紛らせてゐる訳なのである（寂しくて、腹が減つてゐる上に碌に飲めもしない時の名画、大建築、風光明媚《めいび》などが何だと言ひたい。変に気持をいらいらさせるだけで、そんなものは何もないよりもなほ悪い）。それで、これもいつのことだつたか、誰かがアメリカにやつてくれると言つて、幾らくれるのだと聞いたら、一日十ドルだといふことなので怖《お》ぢ気を振つて辞退した。

尤《もつと》も、即座に刎《は》ね付けたのではなくて、十ドルを円に換算して幾らにならうと、もつと具体的な概念が得たいと思つて、それで充分に飲めるかと聞いたら、相手はこつちが冗談を云《い》つてゐるのだと思つて、まともな返事をしてくれなかつた。併しそれでは困るので厳粛な顔付きをして更に追及すると、三度の食事と寝泊りには困らないといふことだつた。

それでアメリカまで行つて来いといふのだから、不人情な話である。二十四時間しらふでいい気持になつてゐられる国が、世界中のどこに行つたつてあるとは思へない。

併しアメリカは確かに面白い国のやうである。丁度その話があつた頃、どこかの、これは東京のさる料理屋に、ニュウ・ヨオクの料理屋の献立が沢山来てゐて、その一枚を見てゐたらスウプの部に、チャイニイズ・ウォントンといふのがあつた。ウォントンと言へば、つまり、さういふ女といふことで、支那人のさういふ女のスウプといふのはどんなのだらうと思ひ、色々考へた末に、これがワンタンのことなのに気が付いた。それにしても、スウプにワンタンを注文した後で、比目魚《ひらめ》のムニエェルか何か頼んだら、随分妙な味がするものと思はれる。

序《つい》でにもう少し洋行関係の旅と食べものの話をして終りにしたい。パリにゐた頃、丁度年の暮で、クリスマスの二、三日前になると、方々の料理屋の窓に大きな紙に献立を書いて貼《は》り出し始めた。その日の献立ではなくて、一番上に、レヴェイヨンと書いてあり、これはクリスマスの前夜に、真夜中弥撒《ミサ》に行つた後でする食事なのである。大変な御馳走で、こつちが平常食べてゐるやうなものは一つもなかつたから、どれがどういふ料理なのか解らず、ただ大概の料理にはそれに掛けてあるソオスの名が出てゐたし、栗《くり》だとか乾葡萄《ほしぶだう》だとか、御馳走にしか使はないものが詰め込まれてゐることも解るので、饗宴《きやうえん》といふのはこのことだらうかといふ感じがした。

それで早速予約して、当日出た何十皿かの料理を最初から挙げて見ると、——といふ風に書けるといいのだが、それがその、一日一杯のビイルの時だつたのである。馬鹿げた話で、それから暫《しばら》くして日本から十ポンドの小切手が届いた。これをフランに換へて、先づその日は軽い晩飯をすませ、オペラに出掛けて行つて一層腹を空《す》かせ、それからレヴェイヨン料理を二、三軒食つて歩いたつて、まだ何ポンドも減つてやしないのにと思ふと、残念でたまらなかつた。

旅で心行くまでものが食べられるのは、今は余り流行《はや》らなくなつたが、インド洋を廻つてヨオロッパに行く船の航海である。毎日、何もありはしない、或《あるい》はどうかすると遠くに島の影が見えるのが関の山の、だだつぴろい海の中を、船はただ黙々と進んで行くだけだから、食べることが一日のうちで唯一の楽みになる。それで船会社の方でも心得てゐて、朝目を覚すと、ボオイが紅茶にトオストを持つて来る。それから朝飯で、これがコオルチキンやビフテキまである豪華な代物だから、初めは嘘《うそ》かと思ふが、頼めばちやんとビフテキも持つて来る。それから十時に、スウプとソオダ・クラッカ、それから昼飯、これは朝飯がさういふものなのに比例した御馳走で、まだそれと晩飯の間におやつがあり、何かかう、一日が食べることの連続のやうな気がした。この頃は飛行機で、二日もあればヨオロッパの果てまで行つてしまふさうである。そろそろ旅心の危機が叫ばれてもいいのではないだらうか。

アメリカの酒場

ニュウ・ヨオクにゐる時、殆《ほとん》ど毎日行つた酒場があつた。自分が泊つてゐる場所に近かつたからでもあるが、酒場などといふのは気に入れば距離位のことはどうにでもなるものである。その辺がどこだつたかといふことになると、今になつても、そのグレネッジ・ヴィレジといふのがニュウ・ヨオクのどの部分にあるのか解《わか》らずにゐる。併《しか》しそこで五番街が終つてゐることは確かで、それでそこから逆に五番街を上つて行くとニュウ・ヨオクの中心地に出た。その五番街が終つてゐる所にワシントンを記念する凱旋《がいせん》門のやうなものが建つてゐる公園があつて、この公園の周囲がグレネッジ・ヴィレジと呼ばれてゐるらしい。そこの或《あ》る街角にその酒場があつて、既に言つた通り、そこへ行き続けたのは近いといふことよりも如何《いか》にもそれが感じがいい酒場であるからだつた。

尤《もっと》もどんな風に感じがよかつたかを説明するのは難しい。もともとそこを見付けたのは或る朝のこと、宿舎を出て手持ち無沙汰《ぶさた》に前の通りを歩いて行くと、先の角にこの酒場がある建物があつて、窓に何かアメリカのビイルの名前が出てゐたからだつた。シュリッツといふビイルではなかつたかと思ふが、それを飲んで見る積りで入つて行つて、奥の食堂から右に逸《そ》れた所がその酒場になつてゐた。

さう古くからあるのではなささうでも、手入れがよくて木の棚も、台も、その金具もぴかぴかに磨き立てられてゐるのが時代が付いたのに似た味を出して繁昌してゐて始終、取り代へられる為《ため》か、棚に並んでゐる何百本もの酒の罎《びん》にも活気がある感じだつた。そこの時計は大きな懐中時計の恰好《かつかう》をして天井から吊《つる》され、それがゆつくり廻転《くわいてん》して時間を見せたり、隠したりしてゐたのを今でも覚えてゐる。無論、そんな所でビイルなどといふものを飲むのは勿体《もつたい》ないから他のものを注文した。

何を頼んだか、もう忘れてしまつたが、次々に注文して結局、昼の食事の時間近くまでそこにゐたのは台の後で働いているバアテンさんが実に愉快な男だつたからである。これなら映画に出てもいいだらうと思はれる顔立であるのみならず、その顔も、全体の動作も、後の酒の罎と同様に活気に満ちてゐて、注文を聞く為に台から体を乗り出す仕草を見るだけでこつちまでが明るくなつた。その日は温度が八〇度、湿度が九〇度とかいふひどい夏の日でこのバアテンさんもワイシャツの襟を開けて申し訳にその廻《まは》りに黒いネクタイを垂らし、顔も汗ばんでゐるのに、暑い感じがしなかつた。この日の湿度が九〇度であることを教へてくれたのもそのバアテンさんである。併しそれでその朝中、体が恐しく重たかつた理由が解ると同時に、そのことも忘れ、その店は冷房などしてないのにただ飲んでゐればいいのだといふ気分になつた。尤も酔ひが廻つて来たといふこともある。

そんな風に行つた途端に非常に助かつたので、それからは暇さへあればその酒場に行つた。このバアテンは混ぜものの飲みものを作るのに大きなガラスのコップに蓋《ふた》をして振るだけでこつちの好みから言ふとウオツカに少しトマト・ジュウスを入れた飲みものが殊《こと》に旨《うま》かつた。トマトといふのは缶詰めになつてゐても或る程度の滋養分はあるから、この飲みものの五、六杯で昼の食事の代りにしたことも何度かある。晩は余りこの酒場に行かなかつたのは晩は晩で別に通ひ付けの所があつたからであるが、昼間はニュウ・ヨオクをたつ日までこの酒場に行つた。その名前を序《つい》でに書いて置きたくても生憎《あいにく》、直《す》ぐ傍にあるので名前を覚える必要もなかつたから聞きもしなかつたのは残念である。併し場所はよく知つてゐるから今度ニュウ・ヨオクに行つたら、又あすこの戸を開けて台に向つて腰を降す積りでゐる。

飲食行

河上さんと何かしてゐるのが幾らでも違つた場所を背景に記憶に浮ぶのは、つまり、それだけ方々に御一緒に行つてゐることなのだと思ふ。その一つは、広島県の宮島の対岸にある料理屋の一室で夕方、酒は千福で、生牡蠣《なまがき》を大きな皿に盛つたのを二人で平げてゐる一齣《ひとこま》である。生牡蠣は下の海から引き揚げて来たばかりのもので、従つてどれも、殻を固く閉ぢてゐたから、我々素人の手に負へる代物ではなかつた。それでその道のをばさんが、荷揚げ人足が荷物を持ち上げるのに使ふ手鉤《てかぎ》に似た道具を持つて台所から出張して来てくれて、我々が食べる後から新たに牡蠣を開けた。海から出したばかりなので、中から牡蠣が咥《くは》へ込んだ蟹《かに》の子供だの、生れたてのひとでだの、一寸足らずのごかいだのが現れ、勿《もち》論《ろん》、かういふものはどけて牡蠣の肉だけを食べた。海の水で丁度いい位の塩味になつてゐて、広島の酒は殊《こと》に生牡蠣に合ふやうに思はれ、実に食べた。馬は口笛を吹いてやると一層、活潑《くわつぱつ》に水を飲むさうで、人間が痛飲、大食するにも、相手を選ぶことが大切である。

余り痛飲するに至らなかつたのは、スコットランドのエディンバラからの帰りに乗つた

「エリザベサン」号といふ夜汽車の中だつた。その日、何か予感がしたのか、エディンバラに行く途中の山奥の、面倒な名前が付いたスコットランドの湯治場でフォア・グラの缶詰と、スコットランドならばどこへ行つても飲める筈《はず》のウイスキイのポケット用を一本買つて持つてゐた。所が、このエディンバラからの夜汽車に乗つたら、日本の或《あ》る種の夜行列車と同様、食堂車が付いてないのである。それは我々の英国訪問の公的な日程が終つた日の晩のことで、銘々に宛《あ》てがはれた寝室の一つに我々二人の他に団長格の福原麟太郎氏や池島信平氏、つまり、一行の全員が集り、結局そのポケット・ウイスキイに頼る他なかつた。そして我々四人の間でそんなものが三十分と持つ筈はなくて、空の壜《びん》を振つて見てもどうにもならず、ボオイさんに来て貰《もら》つて談判しても、この列車にアルコオル類は積んでないと言ふ。英国は大国だから、支那風の抜け道もあるのではないかと思つて、一ポンド、二ポンドと贈賄の高を上げて行つて見たが（これを邦貨に換算すると、決して馬鹿になる金額ではない）、英国の鉄道員が廉直なのか、本当になかつたのか、恐らくは本当にウイスキイなど積んでなくて、結局、交渉は成立しなかつた。スコットランドでウイスキイを渇望したのだから、今思ひ出して見ても涙ぐましくなる。

そのウイスキイで、ロンドンの日本大使館から贈られたのが極上の品であることを発見したのは河上さんである。我々一行のうちによく飲むものがゐることがどうして知れたのか解《わか》らないが、兎《と》に角《かく》、大使館からブランデイとウイスキイが何本かロンドンのホテルに届いて、ブランデイの方は有難くても、ウイスキイは聞いたことがない名前のもので、それに薬壜のやうなものに入つた貧弱な外観のものだつたから、直《す》ぐには誰も相手にしなかつた。併《しか》しこれを飲んで見た河上さんが言はれた通り、これは逸品だつたのである。恐らく、かういふ上物は輸出などされなくて、愛好家が買つた後の僅《わづ》かばかりの余りが外交団に配給される位なものなのに違ひない。その銘柄は今でも覚えてゐて、ハンキイ・バニスタアといふのだつたが、まだ気になるのは、その二本のハンキイ・バニスタアを誰が保管してゐて、結局は平げたのか、どうしても思ひ出せないことである。河上さんと二人で深夜、片付けたと書きたくても、その確証がない。

併しウイスキイといふのは何と言つても、極上のものを除けば野暮な飲みものである。余り偉さうな話は止《や》めて、河上さんと銀座の裏町を廻《まは》つてゐる時、それでもウイスキイを水で割つたのを主に飲むのは、やはりウイスキイには多勢のものに飲まれるだけのことがあつて、別に旨《うま》くも、まづくもなくて時間をたたせるのに丁度いい飲みものだからなのだらうと思ふ。二人で、面倒な話もせずにこれを飲んでゐると、非常に満足する。日本酒ならばもつと結構なのであるが、この頃の銀座裏では酒を飲みに入る以外に大してどうといふことはない、例へば、おでん屋風の店が減つて、我々が知つてゐるので二、三軒しかないのみならず、酒が旨い店であればある程、早く締り、九時過ぎになれば、バアに行く他ない。そしてバアで飲む日本酒は何故なのか、まづいものである。といふやうなことは、こつちの好みを河上さんに押し付け過ぎてゐるのだらうか。併し思へば、長い間、二人で飲んで来たので、河上さんはかういふ小さなことに就《つい》ては、さう我慢強い方ではない。

ギリシヤでは、或《あるい》は少くとも、テオクリトスの頃のギリシヤでは、朝から晩まで喋《しゃべ》り続けてゐるのが交友が密なる印だつたやうである。併しそんなものだらうか。飲むのと違つて、話をするのは口がくたびれるものであることは誰でも知つてゐる通りであり、何か言つてゐないと気まづくなるのでは、とても長続きするものではない。河上さんと飲んでゐると、前に色々な人に会つたことを思ひ出す。その多くがF・L・ルカスとか、E・M・フォオスタアとか、G・ロウェス・ディッキンソンとかいふ外国人なのも不思議であつて、英国に御一緒に行つたことは既に書いたが、英国でも河上さんとゐる時だけは、自分が別にどこにゐるといふ感じもしなかつた。河上さんの当時の旅行記に、パリに行つても別に何といふことはなくて、日本に帰つてから、あれは贋《にせ》もののパリだと言はれても驚きはしなかつただらうといふ一節がある。かういふ秀抜な警句がそのまま自分の生活感情になつてゐる人間といふものは、さうざらにゐるものではない。美しいことである。

英国の飲み屋

　そのやうに英国ではつきり飲み屋と呼べるものには一種類しかなくて、それをパブと言ふのに就《つい》ては説明を聞いたことがない。恐らく飲み屋、宿屋、飲食店などの公共的な施設が曾《かつ》てはパブリック・ハウスの総称で通つてゐて一軒の店でその三つとも兼ねることがあり、そのうちで飲み屋だけが独立して残つてこれが約《つづ》められてパブになつたのではないかと思ふ。又この種の飲み屋ならば英国中どこにでも、それはロンドンの真中にも田舎の小さな村にもある。

　そしてそれだけに入り易くて、どこの飲み屋は贅沢《ぜいたく》といふこともないから選ぶ手間も省けて入つて見れば大概どこのも似たり寄つたりの作りがしてあり、止り木の向うの棚に洋酒の罎《びん》が並び、その止り木の下に幾種類かの生ビイルの樽《たる》が一列に置かれて蓋《ふた》に付けた栓から一杯づつビイルが注《つ》げるやうになつてゐる。このビイルが何種類あるのかまだ覚え切れずにゐるが、その中で一つ解《わか》つたことはかうした飲み屋ではギネスの黒ビイルをやはり樽に入れて生で売つていることで、さうなれば確かにこの生の方が旨《うま》い。もし一人ならば普通はこの止り木の所まで行つてそこで店番に欲しいものを注文し、その場で飲む。併《しか》しそこに並んでゐる背が高い椅子《いす》の他にも椅子や卓子が置いてあつて、どつちにでも陣取つてぼんやりそこのビイル、ジンなどを飲んでゐると何となく落ち着いて来て時間がたつて行くのが気にならない。先《ま》づ自分の家で飲んでゐる感じとでも言つた所だらうか。

それだから友達と連れ立つて行くのにもよくて話し込んでゐるうちにやはり時間がそれとなくたつて行く。余りさういふ具合だものだから朝と午後からと営業が二つに分れてゐて期限が来ると容赦なく客を追ひ出すのだらうか。それさへなければ朝から晩までゐて、その又翌朝までゐたい気分になるのである。

英国人の食べもの

横川信義氏はその近著、『イギリス風物誌』で英国人の朝の食事がフランス人その他、大陸に住んでゐる人間のに比べて如何《いか》に盛り沢山なものかといふことを書いてゐて、これは本当なのである。そしてこれは、食べものに対する英国人の態度がその朝の食事によく現れてゐるといふことなので、従つてこれはその一食に限つたことではない。つまり、英国人は一般に大食ひだといふことになるので、美食家は必ず大食ひであることを思へば、これは英国人が食べるものはまづいと決めてゐる向きが日本人の中にもあるのと一致しなくて、英国人は大食ひで美食家なのか、それとも少食でまづいものばかり食べてゐるのか、どつちかに決めなければならない。

それで、事実に即して言へば、英国人は寧《むし》ろ美食家なのだといふことになりさうである。それには、先《ま》づ材料の話からしなければならない。英国人もヨオロッパ人であるからその食べものは肉が主で、考へて見ると、ヨオロッパ人種の中で英国人のやうに家畜の改良に力を入れて来た国民はないのである。少しでも英国の歴史を読んでゐれば、英国では大体の所、貴族と農民が一つになつて英国の文化を築いたことが解《わか》るが、貴族は狩や釣りで野鳥や鮭《さけ》、鱒《ます》の味を知つて、その保存や、野生のものだけでは足りなくなつてからは、その飼育に努める一方、家畜の世話にも率先して精を出して牛、羊、豚から鶏、七面鳥、鵞鳥《がてう》に至るまで、なるべく旨《うま》い食べものを供給してくれる品種を作り出し、これを普及させることを心掛けた。馬の改良に英国人が寄与したことは、もし一般に知られてゐないならば、サラブレッドといふ言葉からだけでも察せられる筈《はず》である。併《しか》し他の食用の家畜に対しても同様の努力が払はれて、例へば、ショオトホオン種の牛とか、コッツウォルド地方産の羊とかが出来たことが日本まで伝はつてゐないのは、これは無理もない。日本では肉食がまだ競馬程は盛になつてゐないからである。

併し英国の貴族達は、その乗用や馬車用の馬、或《あるい》は狩猟用の犬に対するのと変らない関心を家畜、といふのは、食用の動物にも示したので、リットン・ストレエチェイはヴィクトリア時代に英国の陸軍の大立者だつたハアティングトン卿《きやう》といふ人物が、誰かが或《あ》る席上で今日は私の一生で最も光栄ある日でありますと演説するのを聞いて、私の一生で最も光栄ある日は家の豚が品評会で一等賞を取つた日だつた、と呟《つぶや》いたといふ挿話を伝へてゐる。そしてかういふ面では、英国の貴族は英国の農民を代表する存在だつたと考へて差し支《つか》へない。従つて、英国人の食べものは今日でも、何よりも先づ材料がいい。例へば、ハムが旨いので、英国でハムを食べるとハムといふものの匂《にほ》ひがする。朝の気分と同じ新鮮な匂ひがするのであつて、生ハムを切つて皿に盛つたのを台所から持つて来る途中で既に、それがハムであることが解る。又勿論《もちろん》、ハムといふ食品一つがそれだけよければ、それは、ハムだけの問題ではない。

英国のパンも、麦の匂ひがする。英国のトオストが旨いのは、パンを扱ふのにトオストを作る以外に能がないからではなくて、パンも本当に旨ければ、これをただ焼いてバタを付けて食べるのが一番そのパンといふ材料に適した食べ方だからなのである。そして英国の牛肉も、牛肉の匂ひがする。一頃は日本でも、牛肉は牛肉の匂ひがしたものだつたが、食べものといふのは先づ匂ひで決るものなので、ただ牛肉を焼くだけの料理が英国で発達したのは、それ以外のことをするのは勿体《もつたい》ないやうな上等な牛肉が英国で出来て、それが国内に普及したからである。

つまり、材料がいいので、その意味で英国の焼肉の料理は鮪《まぐろ》のとろの刺身を思はせる。鮪のとろも、これをフライにしたり、グラタンに使つたりしたら勿体なくて、牛肉を全くの生で食べられないのは、これは獣と魚の違ひで、どうにもなるものではない。併し鮪の刺身には醬油《しやうゆ》と山葵《わさび》があれば足りるのと同じ訳で、英国の焼肉も塩と西洋山葵だけで食べるし、ソオスを掛けるのも無駄なのである。

或は、英国ではロオスト・チキンが御馳走の中に入つてゐる。我々は一流の西洋料理屋にでも行かない限り、鶏を焼いたのを格別に旨いとも思はないが、それは鶏の品質の違ひから来てゐるのである。我々が鶏の肉を買へば、それが兎《と》に角《かく》柔かなことで満足しなければならないのに対して、英国のは柔かである上に鶏の肉の味も、匂ひもする。それ故にこれに薬味を加へて焼けば、その肉は北京料理の家鴨《あひる》の肉に匹敵し、肉の汁は煮こごりになりさうで、それに薬味の薄荷《はつか》の葉が微《かす》かにその香りを漂はせでもすればもう申し分がない。そして焼く代りにシチュウを作れば、鶏の肉の匂ひがする鶏のシチュウといふ、英国から帰つて来れば、さういふものにはあり付けないものが出来上る。或は、ロオスト・チキンに付けて出すじやが芋の茹《ゆ》でたのでも、これに薄荷の葉が刻んで掛けてある所を夢に見てもいい代物で、万事がその調子である。

つまり、そこにフランス料理との違ひがある訳で、フランス料理では先づ煮方とか、ソオスとかのことを考へる。これも材料の問題ではないかと思ふのであつて、例へば、蝸牛《かたつむり》などといふのはただ焼いただけで食べられるものではない。併しこれに色々と手を加へれば、天然とは違つた別な味がそこに出て来て、それで旨い蝸牛の料理やそのまづいのが区別される。牛肉も、それ自体が上等なものがいつも手に入る訳ではなければ、兎に角、牛肉には違ひないものに加工する他なくて、技術はもとの味を生かして上手に焼くことから、その味に加工する方へ移つて行く。そこには、フランスの貴族、といふのは、領主達が、早くからフランスの農民と手を切つた生活をしてゐたことや、フランスが歴史的な、又、地理上の条件から絶えず外敵の侵入や内乱の憂き目を見てゐて、その為《ため》に農業の発達にいつも制約があつたことが確かに影響してゐる。併しさういふ事情からフランス料理が生れたことも忘れてはならない。

さうして見ると、英国の料理では家庭料理が主になつてゐる。その方式で、もう少し暇を掛けて作つたものを食べさせるのが牛肉を焼いたのや、生牡蠣《なまがき》で有名な一流の料理屋なので、それと英国人の家庭の間に、料理法の上で本質的な相違はない。そして英国人が美食家である証拠に、さういふ食べものに堪能《たんのう》する一方、もつと手が込んだ正式のフランス料理にもノルマン王朝の昔から親んでゐて、フランスの料理人は英国でいつも割がいい勤め口を見付けることが出来た。その点、豊富な食糧にものを言はせながら、外国の料理とも馴《な》れつこになつてゐる日本人に似てゐないこともないのである。

お茶の時間

昔、パリの街を歩いてゐると、カフェの日覆ひの縁にその店で出すものが刺繡《ししう》して示してあつたりする中に、five o'clock tea といふのがよく目に付いた。フランスといふコオヒイと三日月型のパンの国に来ても、英国人がお茶の時間になると紅茶とトオストを注文するので、しまひにはフランス人の方が根負けして英国人用に、この五時のお茶といふものを改めて献立に加へることにしたのだらうと思ふ。

尤《もつと》も英国ではもう少し早くて四時か四時半からがお茶の時間になつてゐる。併《しか》し何時だらうと、このお茶は欠かすことが出来ないものになつてゐて、英国人がこれも入れて一日に四度する食事のうち、或《あ》る意味ではこれが一番楽しいものなのかも知れない。こつちが受けた感じからただ さう言つてゐるのであるが、理由を探せば思ひ当ることがないでもない。例へば、朝の食事ならば、英国人の朝の食卓が如何《いか》に盛り沢山なものであつても、やはり、一日の仕事、或《あるい》は退屈を控へてゐては、さう落ち着いてはゐられない訳である。そして昼と晩のは、これは日本では説明を要することで、家庭でも作法のことを喧《やかま》しく言はれるかなり儀式張つたものであり、又正式に客をするのも昼か晩の場合が多いから、これはそれなりの楽みがあつても、日本風に寛《くつろ》ぐのは難しい。さういふ訳で、後にお茶が残るのである。

お茶の時は無作法が許される訳ではなくて、例へば、紅茶を音を立てずに飲むのは子供が最初に仕込まれることの一つであるが、兎《と》に角《かく》、お茶は食事でありながら、まだどことなく食事ではない所があり、昼と夜の食事の間に空腹を紛らせる為《ため》に、そこで何かつまむのだといふ観念が皆の頭にあるから、自然、それでは紅茶を一杯といふ気楽な態度で飲んだり、食べたり出来るし、又、人とも付き合へる。

お茶の時は大概は、わざわざその為に食堂でテエブルを囲みもしなくて、茶の間に相当する部屋で銘々がそれまでゐた席で紅茶茶碗《ぢやわん》を持ち、大皿に盛つて出された菓子や、パンにバタを付けたのを取つて、煙草《タバコ》も序《つい》でに吸ひながら時間を過す。それよりも、話をするのが主な感じがすることもあるのは昼や夜の食事の際と同じであるが、その話が弾むのに調子を合せて、一食分になるだけのものが結構食べられる。

勝手に皿から取ればいいのだし、紅茶茶碗の他に何も持つてゐないのを見れば、皿を廻《まは》してくれて、紅茶茶碗も暫《しば》くすればお代りするやうに言はれる。

さういふ次第のもので、言はば、間食の楽みを最大限度に生かしてゐるから、食べものも菓子やトオストや、パンにただバタを付けたのだけに限られてはゐない。尤も、この三つに就《つい》てもう少し説明が必要で、英国風にパンを紙のやうに薄く切つてバタを付けたのは、或は、それではバタが付け難《にく》いから、先にパンの塊りの断面にバタを付けて置いてから切つたのは、パンもバタも英国のものならば、匂《にほ》ひもいいし、そのまま舌の上で溶ける感じがして何枚でも食べられる。

それがサンドイッチになることもあつて、胡瓜《きうり》を挟んだのはサンドイッチ中の王者ではないかと思ふが、胡瓜の他に牛肉や、ハムや、鶏の冷肉が材料に使はれることもあり、パンにバタだけならば、その上に付ける各種のジャムや蜜《みつ》がよく用意される。

菓子も、ただお茶の時に出る菓子では見当が付かない訳で、これはフランス風の手が込んだ方法で作られたのではなしに、甘いのよりも寧《むし》ろ塩味のあつさりしたのが多い。つまり、パンにもう少し味を付けて、油を混ぜて軟く焼いたものと思へばよくて、さういふスコオンとか、マフィンとかいふ名前の菓子にもバタを付けて食べる。又もつと菓子らしい体裁のものでも、例へば木の実を多く入れるとか、砂糖の代りに糖蜜を使ふとか、或は生薑《しやうが》を利かせるとかして、沢山食べても飽きないやうに出来てゐる。

それからもつと重いものでは、牛肉や豚や鶏の肉を詰めたパイがあり、鶏の冷肉をそのまま出すこともあり、さうなると普通の食事と区別が付け難くなる。それで子供などは、お茶が一日のうちで最後の食事になつてゐる家庭もあつて、その後で早目に寝かされれば体にもいいし、大人が大人だけで晩の食事が出来もするといふ趣向である。大人の晩の食事が七時半か八時頃なのが普通であることも、お茶といふ間食が英国で発達した一つの原因に違ひない。

併しそこの所はどうだらうと、お茶といふのは子供の頃からの記憶が手伝つてゐるのか、英国人にとつてはそれが単に、昼と晩の食事の間でもう一度する食事だといふだけではない、特別な意味を持つてゐるやうである。英国のどこに行つても、それが町の中でも、田舎の道端でも、お茶を出す店があつて、他の時間にはかういふ店で何をしてゐるのか解らない。又その時間になれば、例へば自動車でどこかへ行く途中でも、お茶の為に自動車を止めて、さういふ店に寄らずにゐるといふことは考へられないし、誰かと親しくなつたその最初の印は、一緒に飲み屋に入るのでない限り、その人間の家にお茶に呼ばれることである。

一日のうちで、これが一つの区切りになつてゐるやうで、お茶の時間になれば、その日の仕事も一応は終つたといふ感じがする。それでゆつくりして、友達と話し合ふ気分にもなるのだらうか。英国人の生活では、何もしない日が毎週二日、土曜と日曜とあるのに似てゐて羨《うらやま》しい感じがすることもある。

話が少し飛躍し過ぎるかも知れないが、このお茶や、毎週二日は休む習慣は、チャアチルが英国人は皆『アントニイとクレオパトラ』の終りの方でアントニイが言ふ、

鎧《よろひ》を脱がせてくれ。長い一日の仕事がすんで、
我々は眠らなければならない。……

といふ台詞《せりふ》に愛着を持つてゐると誰だかに語つたといふ話を思ひ出させる。チャアチル自身、その多事だつた一生を振り返つて一番この句に惹《ひ》かれてゐる英国人の一人に違ひない。

併しチャアチルに限らず、英国人には、自分の終りを知つてそれを迎へるといふ風な一面があつて、英国人の老人の多くが男女とも美しいのはその為かとも考へられる。一生の終りにさうであつて、そして一日のうちではお茶の時間に、それでその一日がすんだ気分になれるといふのは確かに羨しいことである。

木の芽田楽

外国のことはよく解《わか》らないが、方々に少しづつ住んで見た限りでは、日本のやうにどこへ行つても必ず何か旨《うま》いものがある国は他にないやうであつて、これを綜合《そうごう》して一つの共通の、これが日本料理といふものだと言へる性格を摑《つか》むのが難しい点でも、日本は珍しく食べるものに恵まれた国ではないかと思ふ。例へば、刺身と吸ひものが載つてゐるお膳《ぜん》が日本料理の標本と考へられてゐるかも知れないが、それと長崎の豚の魚煮、或《あるい》は新潟の鱈《たら》のちり、或はどこにでもある天麩羅《てんぷら》やすき焼きを一つの線で繋《つな》がうとしても、そんなことは出来ない。

これは、日本で食べられるものを挙げれば挙げる程さうなので、近江の鮒鮨《ふなずし》に大阪のかやく飯、加賀の鯛《たひ》のおから蒸し、泥鰌《どぢやう》の蒲《かば》焼き、鹿児島の薩摩《さつま》汁と思ひ付くままに並べて行つて、我々がさうして受け取る印象はただ、何《いづ》れも旨いといふことだけである。これに対して、支那もさうだと或は言へるかも知れない。併《しか》し支那といふのは一つの国よりも、大陸に近くて、そのだだ広い面積の殆《ほとん》ど全部に亙《わた》つて野蛮人ではない人間が住んでゐれば、その料理が数ヶ国、或は数十ヶ国のものを合せたのに匹敵することになるのは当り前であり、従つてかういふ場合、支那は例外である。

旨いものが日本のやうに到《いた》る所にあれば、それが支那の何分の一にもならない日本といふ狭い国であつても、その旨いものの中でどれか一つを選ぶといふ訳には行かない。そんなものはないからであつて、例へば初夏の頃、銀座の、或は東京駅の辻留《つじとめ》で蓴菜《じゆんさい》を冷したのを酢醬油《すじやうゆ》で食べてゐれば、こんなものは世界にないと思ひ、その本場の京都でもさうだらうし、酒田で冬、鰰《はたはた》の湯上げの御馳走《ごちそう》になれば、食べものはこれに限るといふ気になる。併《しか》しそれで思ひ出したが、長い間食べたことがないものの一つに、奈良の猿沢の池にあつた柳茶屋といふ小さな料理屋の木の芽田楽がある。味噌《みそ》にも山椒《さんせう》の芽を擂《す》り込んで緑色にしたのを豆腐の田楽に掛けて山椒の芽を添へただけのもので、それでも戦前、よく奈良に行つてゐた頃、これが病み付きになつて毎日のやうに柳茶屋に通つた。何か秘訣《ひけつ》があるのだらうが、豆腐を何分間、どうしてといふ風なことを教へて貰《もら》つた所で、当人の長年の智《ち》慧《え》が働いてゐなければ駄目な秘訣であることは解つてゐるから、聞きもしなかつたが、この山椒の芽の香りで食べる豆腐の田楽が恐しく結構なものに思はれた。そこの酒もよかつたのは言ふまでもない。奈良に行く機会がないので、なほ更、この頃はこの木の芽田楽が旨いものだつた感じがして、柳茶屋の窓から見た猿沢の池に向うの町の明りが映つてゐるのが頭に浮んで来たりする。今でも柳茶屋はあると聞いてゐるから、いつかもう一度行つて見なければならない。

東北の食べもの

どこか、いい所へ行つて何かと楽むのが旅をする主な目的であるものにとつては、要するに、東京から北は上野駅から汽車に乗つて行く所であつて、それが東北だらうと、北陸だらうと、或《あるい》は奥羽羽越の境だらうと、それはその人の勝手である。又、どこに何といふ旨《うま》いものがあるか、一々覚えてゐる訳でもない。そこへ行けば思ひ出すから、それを頼む。酒の銘柄も、汽車がその駅に着く頃までには頭に浮ぶ。これでは小説家も、食通も勤らないだらうが、幸、こつちは小説家でも、食通でもない。

それでも、何となく思ひ出すままに書いて行くと、汽車が上野駅を出て、後はどこでも、駅で蕎麦《そば》を売つてゐる所の蕎麦は大概旨い。高崎で既に味が東京のとは違つてゐるやうな気がする。尤《もつと》も、これには汽車が出るまでに全部食べられるだらうかといふ心配が確かに手伝つてゐて、ベルが鳴り終らないうちに最後の一滴まで平げて汽車に戻れた満足は、蕎麦の味にも影響する。新潟から青森の方に行く時に乗り換へる新津といふ駅だつたと思ふが、天麩羅《てんぷら》蕎麦も売つてゐる所があつて、これは前から食べたいと思ひながら、時間の都合や何かでまだ食べたことがない。兎《と》に角《かく》、食べた限りでは、まだ失望したことがなくて、いつだつたか佐渡のどこかで真夜中近くに宿屋で取つて貰《もら》つた蕎麦も旨かつた。酒田の剝《へ》き蕎麦に就《つい》ては、何人かの人が、既に書いてゐる。何故、酒田でしか作れないのか解《わか》らないが、他所《よそ》ではまだ食べたことがない。韮《にら》を温室で育てたのに生玉子を掛けたのも、酒田でしかお目に掛らない。

恐らく、酒と同じことで、蕎麦でも、或は、例へば味噌《みそ》のやうなものでも、旨い、まづいとは別にそれが出来た所で少しづつ味が違ふのだらうと思ふ。それでどこへ行つても、大概そこの名物がある訳で、酒田と新潟では両方とも酒と味噌を作つてゐて、やはり味噌漬けのものも粕《かすづ》漬けのものも、何かはつきり解らない、それぞれの特色があるやうな気がする。何《いづ》れも、そして新潟でも、酒田でもかういふものはその土地の人に作つて貰ふか、買つて貰ふのに限る。その中でも酒田の鱒《ます》の味噌漬けは見事なものであつて、これを焼いてゐると辺り一面にその匂《にほ》ひが焚《た》き込められるのは、少し話が飛躍するが、朝の食事にベエコンを焼くのに似てゐる。出来れば、切り身だけでなしに、頭の所も漬けて貰ふといい。併《しか》し勿論《もちろん》これは鱒が取れる時だけだから、それが送られて来るのが冬の楽みの一つになる。併しその時、酒田にゐれば、何も味噌漬けなど食べる必要はない。

どうしても覚えられないのは、味噌漬けとか粕漬けとかいふものにもその季節があつて、そのどつちがいつからいつまでだといふことである。昔、電車に乗つてゐると、日米漁業の鱈《たら》の粕漬けがよく広告してあつて、それ以来、粕漬けといふのは年中あるものなのだと思つてゐたが、さういふものではないらしい。新潟などに行つて、粕漬けや味噌漬けを持つて帰りたいと言つては、いつもこつちが頼んだのではない方の漬けものの季節になつてゐることを知らされる。だから筋子にも粕漬けと味噌漬けがあつて、粕漬けを買ふ積りでゐる時は、もう味噌漬けになつてゐると思つて先《ま》づ間違ひがない。その筋子の味噌漬けでは、新潟の友達でお茶屋のおかみさんをしてゐるのが自分の家で漬けたのだと言つてこの間出してくれたのが何とも旨かつた。鮭《さけ》が取れ始めた時に直《す》ぐに漬けたのが残つてゐたのださうで、かういふのは琥珀《こはく》色になり、一口分毎に山海の珍味が籠《こも》つてゐる。

解らないながら、味噌漬けも、粕漬けも両方とも冬のもので、二月に酒の仕込みが終つて酒粕が出廻《でまは》つてから出尽すまでが粕漬けなのではないかと思ふ。つまり、どういふのか、上越線に乗るのはいつも秋か、冬で、この間新潟に行つて来たと言つても、もう四、五ヶ月前のことである。その時、同じ茶屋で出されたとろろも旨かつた。かういふ文明が発達した都市では、二日酔ひの朝の食べものに、殊の外工夫が凝されてゐるやうでこのとろろも、筋子の味噌漬けも、さういふ、或《あ》る朝食べたのである。二日酔ひの方をすつかり預つてくれるといふ風な感じがする食べもので、かうなると、茶屋などといふのは朝行くのに限ると思ふ。勿論、酒付きであつて、その場所の酒を飲みながらこの筋子その他を食べてゐると、やがて又一日を飲んで過したい気持になり、旅先で別に用もないから、それが出来る。これが金沢だと、河豚《ふぐ》の粕漬けを薄く切つたのが不思議に二日酔ひに利くが、ここで金沢まで話を持つて行つていいのかどうか、忘れてしまつた。

新潟の方に戻つて、やはりこの間、酒田に行つた時、別の友達がそこで開いてゐる料理屋で、今でも正体が解らない旨いものを出された。鮑《あはび》を刻んだのが入つてゐることは確かだつたが、後はただ鼠《ねずみ》色をした泡のやうなもので、とろろと何かの塩辛を混ぜたものかも知れないし、蟹《かに》の脳味噌がさういふ色をしてゐるとも思へなくて、聞いても、それが他所で食べられるものではなささうだつたから、旨いことだけで満足して、そのおちよこ一杯のものを楽んだ。それで後で、同じものを丼《どんぶり》に盛つて持つて来て貰つて、これを食べてからも、やはり見当が付かないまま、今日に及んでゐる。東京を離れると、まだかういふ家伝の料理のやうなものが残つてゐる所がある。そこまで行かなければ食べられないし、行けばいつでも、作つてくれるといふ訳のものでもない。景色と同じで、或る時、何かの廻《めぐ》り合せで、始めて経験することが出来るといふことがあつて、生きてゐることにも少しは意味があることになる。

考へて見ると妙な気がするが、新潟県とか、山形県といふのは米どころで、殊に庄内米が旨いことは前から聞かされてゐるのに、そして何度も行つてゐながら、まだ記憶に残る程の味がする御飯を食べたといふことがない。尤も、どんな味の御飯も食べた記憶がないのだから、本当にまだ一度もその段階に達したことがないのかも知れない。余り遅くまで飲んでゐれば、釜《かま》の飯も冷えてしまふだらうし、又火を熾《おこ》して温めるといふのも大変だから、もう宿屋に帰つて寝るとか何とか言へば、皆ほつとして直ぐに車を呼んでくれるといふことも、充分に考へられる。そして朝は朝で、ハム・エッグスなどといふ手間を省いて飲み始めて夜になり、又遅くなつて釜の飯も冷える、といふやうなことを繰り返してゐれば、米どころに行つてそこの米の味を知らずにゐるといふことの説明は少くとも付く。それで、後になつてそれが残念になり、今度行つたらばと思ふが、まだそれが実現した験《ため》しがない。併しさう言へば、いつだつたか、もう大分前に、確か新潟から柏崎に行く汽車の中で、新潟の宿屋が作つてくれた弁当を開けたら、幕の内で、その一つを食べて見ると実に旨かつた。幾ら旨くても、酒どころを旅行してゐてかういふものはさう食べられるものではないから、その一つで止《や》めたが、兎に角、これであの辺の米を一度は食べたことになる。

私の食物誌（抄）

広島の牡蠣

それが今でもこれまで通りに食べられるかどうかに就《つい》ては何とも言へない。誰もが知つてゐる我が国の政府の企業を優先にする政策に基いて瀬戸内海全体が現にどうなつてゐるか解《わか》らない時に広島辺りだけが無事だとも思へないからであるが、もしどこかに牡蠣《かき》が汚水その他にやられてゐない所が残つてゐるならばそれを食べて損をすることはない。

ヨオロッパでは英国が西暦紀元前からの牡蠣の名産地で遠くロオマまで輸出され、これは今でも英国の牡蠣で知られてゐるのに対して日本では広島のが牡蠣といふものではないかとこの頃は考へるやうになつた。この貝もただ漠然と貝の肉といふものが我々に聯想《れんそう》させるものに止《とど》まらなくて独特の匂《にほ》ひも味も舌触りもあり、広島のを食べてゐると何か海が口の中にある感じがする。又現に海の匂ひが強烈であつて潮風を思はせ、それに牡蠣といふのがもともと消化剤に似た役目をするものらしくてこの牡蠣を二、三十食べるのは何でもない。ただ気を付けなければならないのはこの頃は役所からのお達しとかで牡蠣を殻から出して水に漬けて味も匂ひも洗ひ落してから又もとの殻に戻して持つて来るといふことが行はれてゐて、それならば東京の西洋料理屋でいつ死んだのか解らないのを食べるのと変ることはない。どうでもいいやうな所で我々国民の健康を気遣ふのが役所といふものらしい。

それでまだ広島の牡蠣らしい牡蠣を見付けることが出来たならばそれを自分の所に送つて貰《もら》つて食べるのならば問題はないが、もし広島で牡蠣を食べさせる所で食べるならば自分の健康のことは自分で責任を取ることをはつきりさせて牡蠣を殻付きのまま海から取れたばかりの状態で持つて来て貰ふことが先決である。その殻をこじあけるのに少し手間が掛るがそれに使ふ道具もあり、どうしても自分で出来ない時は土地の人にやつて貰へばいい。又その産地に敬意を表して酒は広島県産のものを頼むとこれが丁度この牡蠣に合ふ。勿論《もちろん》さうして生のままの他にも食べ方があつて牡蠣フライならば東京にもあり、前に広島に行つた時に土手焼きと言つて何か牡蠣の廻《まは》りに味噌《みそ》の塀のやうなものを作つて焼いたのを御馳走《ごちそう》になつたことがあつたが生のままが一番旨《うま》いことは説明するまでもない。日本のやうに各種の食べものに恵まれた国ではこれは当り前で、ただいつまでそれが続くか。

新潟の筋子

勿論この筋子は新潟だけのものではなくて北陸、或《あるい》は東北一帯で常食になつてゐるやうであるが、それを最初に旨いと思つたのが新潟だつたといふ縁で今でも新潟と聞くと筋子のことが頭に浮ぶ。それも粕漬《かすづ》けがいい。これを新潟で食べるならば塩漬けでも味噌漬けでも文句を言ふことはなくて殊《こと》に家庭で作つた味噌漬けの何年もたつて琥珀《こはく》色に変色し、口に入れるとそのまま溶けてしまふやうなのはこの世の味とも思へないが、さういふのは滅多にあり付けるものではなくて新潟から送つて貰ふのならば粕漬けに越したことはない。

それに粕漬けだと筋子が酒に酔ふのか他の漬け方では得られない鮮紅色を呈して見ただけで新潟の筋子だと思ふ。とても東京の魚屋で売つてゐるどこか生臭いものなどからは想像出来ない味がして、これも肴《さかな》なしで飲める日本酒といふ有難い飲みものの肴にするのは勿体《もつたい》なくて食事の時に食べるものだといふ気がする。その上に白い飯の上にこの柘榴石《ざくろいし》のやうなものの粒が生彩を放つ。その酒と肴の関係に就て一言書くと新潟でこの筋子の粕漬けを肴に飲んでゐると酒も旨いのでつい筋子のことを忘れ、気が付いて少し慌て気味にそれが下げられる前に小皿に盛つたのを一口に食べてもやはり筋子の粕漬けは旨いのだからこれは確かに食べものの中でも逸品に数へていいのである。或はこれは筋子を漬ける酒粕の問題でもあるのかも知れなくて粕漬けを送つて貰つて筋子を食べてしまつた後でその粕に魚を漬けると鮭《さけ》でも鱈《たら》でも実にいい粕漬けが出来る。丁度或《あ》る種の奈良漬けを作るのに使ふ酒粕と同じで酒粕が悪ければさういふことにはならない筈《はず》である。

又筋子と酒粕が揃《そろ》つた上での漬け方にも何か秘訣《ひけつ》があるに違ひない。どこだか忘れてしまつたが、いつだつたか新潟のさういふ製造元の一軒を尋ねて行つた時に表の店の構へは全く人目を惹《ひ》かない態のものながら薄暗い奥がどこまで続いてゐるか解らない感じで、そこでどんなことが行はれてゐるのだらうと思つたことがあつた。筋子の粕漬け位大概の町の所謂《いはゆる》、名店街で売つてゐると考へてはならない。少し頭を働かせればそれが妄想であることが直《す》ぐに明かになる筈で、もしその名店とかいふのが名が知られた店といふことならばさういふ店が一つの街を作つて並んでゐたりする訳がない。

大阪のかやく飯

これは東京では混ぜ御飯と言つてゐるもので、ただ違ふのは東京の混ぜ御飯よりも大阪のかやく飯の方が遥《はる》かに旨い上に大阪ではこれを売つてゐる店があつてそこで食べられることである。又その混ぜ御飯なるものが今の東京では普通の家庭でもあり付けないものになつてゐるから差し当り現在の東京でこのかやく飯に相当するものは支那風の炒飯《チヤアハン》といふ所だらうか。全くこの東京の町といふのはどこまで落ちて行くのか解らない。

それで混ぜ御飯ももう忘れられてゐるならば大阪のかやく飯の説明もしなければならなくて、これは油揚げとか人参《にんじん》とか牛蒡《ごばう》とかを飯に混ぜるのではなくて初めから米と一緒に炊き上げたものである。その作り方からして恐らくはこれももとは家庭料理だつたのに違ひないが、それを主に売つてゐる東京風に言へば食堂が大阪には方々にある。あの味を思ひ出すと東京の混ぜ御飯と比べたのが悪かつた気がする。再び今日の東京風に言へば家庭的とか庶民的とかいふ愚にも付かない形容詞を並べることになりさうであつても、これはそのやうなことと凡《およ》そ縁がない本ものの食べものの味がする。その作り方、であるよりも材料を説明しただけでそれは解る筈で油揚げその他を米と炊けばさうして混ぜたものの味が飯に染み込む訳であり、油揚げと人参と牛蒡と、その他に椎茸《しひたけ》、蓮《はす》、豆などの味が米の味と一緒になつたものがどんなか、これは説明の域を越えて大阪で食べて見る他ない。

大概さういふ店ではこのかやく飯の他に粕汁とそれから何か煮締めのやうなものを売つてゐて、この粕汁もかやく飯とこれとどつちが食べたくて店に入つたのか解らない上々のものである。序《つい》でにその煮締めも関西風の淡味のものであることを付け加へて置くべきだらうか。ここで粕汁の説明までするることはなささうである。或はさう思ひたくてしないで置く。このかやく飯と粕汁と煮締めで東京の天ぷらそば位の値段で食事をするといふ贅沢《ぜいたく》も今の東京では考へられないことである。これは贅沢が値段の上下、外見の地味とぴかぴかなどと関係がないことを示すもので、それが如何《いか》にさうであるかは現在の東京では贅沢といふ言葉が忘れられてその代りに豪華といふ言葉が使はれてゐることでも解る。大阪のかやく飯は東京の貧民の口に入るものではない。

京都の漬けもの

味噌漬けは東北に限るやうであるが塩や糠《ぬか》を使つての各種の漬けものが京都位に多い場所は他にないかと思はれて、そのどれもが旨い。併《しか》し例へば柴《しば》漬《づ》け、菜の花漬け、千枚漬けなどと挙げて行つてもその名のものを駅や所謂、名店街で売つてゐるのがそれだと思つてはならない。かういふものはその一応の製法が解れば類似のものが先《ま》づどこでも作れて、その本ものを知らない人間はそれでも釣れるのであるから名前だけは同じなのが日本国中に氾濫《はんらん》する結果になる。それならば京都の何といふ店のが本ものかといふことになるが、これは生憎《あいにく》解らない。或は段々解り難《にく》くなつて来てゐて京都に行つたらば自分が泊つてゐる宿屋のおかみさんにでも頼んで取つて貰ふのに限る。流石《さすが》に京都に住んでゐる人達は知つてゐる。

本場の京都の漬けものである以上そのうちのどれが一番旨いといふことはない。勿論例へば柴漬けと菜の花漬けでは材料とともに味も違ふが、それは林檎《りんご》と梨《なし》の味が違ふのと同じで旨ければ林檎か梨かといふことはない筈である。京都の漬けものに共通の何よりの特徴はそのどれもが新鮮に感じられるといふことで菜の花漬けは文字通りに菜の花を塩漬けにしたもので生の菜の花を食べたことがなくてもこの漬けものでこれが菜の花の味だといふことが疑へなくなる。或は柴漬けはどういふものを漬けたのか、それが茄子《なす》のやうでも茗荷《めうが》のやうでも、又蓼《たで》のやうでもあつて恐らくはそのどれもなのだらうが、さう思ふのもその全部の味がするからである。又それだけではないのに違ひなくて、かういふ京都の漬けものをかうした味に仕立て上げるにはその製法といふことで簡単には説明出来ない手立てがあるとともに長年の経験で定つた材料の数々が漬けものに加へられてゐるのでなければならない。併しその味とそれから序でに歯触りは単純に、或は見方によつては複雑にただそれだけの、そしてそれ以外にはないものになつてゐる。

これも漬けものの一種であるから更に一つ足すと京都には桜の花の塩漬けがあつて、それを湯に浮べて飲むと桜の花の匂ひも味もする。例へばヨオロッパの漬けものと言へば食べものの中でも上等の部類に属してゐて滅多にあり付けるものではない。それだけ日本と比べて文明の歴史が浅いのであり、そこへ行くと京都は日本最古の町の一つである。

横浜中華街の点心

この横浜の中華街といふのは昔の南京町のことで、その入り口に中華街と金文字で書いた牌楼風の門が立つてゐるからこの名称に間違ひはない。又それ故に横浜駅ででも降りて円タクに中華街と言へばもとの南京町のここまで連れて来てくれる筈である。又点心といふのは要するに食事の時以外に食べるもの一切の総称であるやうで、その中には焼売《シユウマイ》も肉饅頭《まんぢゆう》その他各種の饅頭も菓子も入る。そしてここでこの町の点心を挙げたのはそれが殊の外旨いからであつて、かうした支那のものが食べたい時にここで買つてその場で食べるなり持つて帰るなりすれば無精をしないで横浜まで行つて戻つて来ただけのことはあるといふ気がする。勿論もつと本式の支那料理も旨いが、さういふ大問題はかういふささやかな記事で扱ふ訳に行かない。

何といふのか知らない点心で友達が或る店で買つてくれたのがあつて、これは豚肉の代りに海老《えび》が入つた焼売だと思つてゐた所が後で聞いたことによれば焼売とは少し違ふといふことだつた。確かに形も普通の焼売のではなくてよくヴィイナスが海から現れた時の絵でヴィイナスが乗つてゐる貝殻の恰好《かつかう》をし、その表に付けられた幾本もの細い筋が思はせる通りに優雅な味がする。これは海老が海のものだといふことから誰かが考へ付いた意匠なのだらうか。兎《と》に角《かく》、貝殻の恰好をした薄い皮に包まれてゐるのが淡味に作つた海老の摺《す》り身でその形も味もただ優雅ともう一度繰り返して言ふ他ない。支那の食べものにこんなものがあるとは知らなかつた。勿論、支那の文明がこの程度のものを生じたとしてそれ自体は別に驚くに価することではないが、さうした前提が想像させるものが一つの新たな形を取つて具体的に現れれば目を瞠《みは》る思ひをするのも自然の成り行きで、この点心はそのうちに是非もう一度食べたいものと思つてゐる。

焼売も横浜の中華街のは他所《よそ》のと違ふ。もつと大振りで皮が薄くて、これはそれだけ中身が多く入つてゐるといふことであり、その中身がやはり淡味でこれは北京料理の焼売だと考へたくなる。一体に焼売といふのはここのがさうであるやうにその皮が鉢、或はチュウリップの花の恰好になつてゐてそれに同じ皮の蓋《ふた》が付いてゐると言つた感じのが上等のやうであるが、どんなものだらうか。ただ何か皮で丸めただけのものは東京にもある。

北海道の牛乳

牛乳は飲みものであるよりも食べものだらうと思ふ。その証拠に果物の汁の類は直ぐに飽きはしても満腹するといふことはないのに対して牛乳は旨ければ飽きない代りに一時に楽める量に限度があり、いつか子犬を飼つてゐた時に既に定量をやつたことを忘れて又その分量だけやつた所がそこは食慾旺盛《しよくよくわうせい》だから全部飲みはしたが小さな布袋のやうになつた腹を上にして伸びてしまつた。

もう一つ牛乳で思ひ出すことでこの話と関係があるのは、或る時外国人に日本で牛乳が飲めることは確かでも牛はどこにゐるのかと聞かれたことで、その時返事が出来なかつたのと同様に今でも牛が牧場で草を食べてゐるのを関東のどこに行つても余り見ない。それが北海道に行くと違ふ。尤《もつと》もこれは何年も前に北海道に一時凝つてゐたことがあつて毎年夏になると行つてゐた頃の話であつて今日のやうな時代になれば北海道の牛乳も今は昔のことになつてゐるのかも知れない。石狩川は三年前までは鮭が水面を蔽《おほ》つて上つて来たのに今は一匹も見えず、これは川岸に出来た製紙工場が水面を埋めて廃液を流し込む為《ため》だといふことである。併し北海道に毎年出掛けて行つたその頃は北海道といふ土地の聯想に背かず鉄道の沿線にポプラの並木道で区切られた牧場が続き、そこここに外国の写真で見るやうな牛が草を食べてゐた。それで牛乳が飲みたくなつたのでは実はないが根室から旭川に行く汽車が十勝平野といふ典型的に北海道である草原を通つてゐた時、或る駅で牛乳を一本買つてその味が今でも忘れられない。これはただそれが鮮かに記憶に残つてゐるだけで、それではその味はと聞かれてどう説明していいものか解らない。

そこから一歩下つて、それならば我々はその頃から既に味も匂ひもこくも何もなくてただ白くて表面に皮が出来ることから牛乳と判断する東京の牛乳を飲まされてゐたのだらうか。もしさうならばその十勝平野の駅で飲んだ牛乳はただ本ものの牛乳だつたといふことに止るかもしれない。あの何とも口中に拡《ひろが》る香りがあつて滋味と言ふ他ない味がするものが本ものの牛乳といふものなのだらうか。それは丁度日暮れ頃のことだつた。その時刻で牛乳のことを覚えてゐるのではなくて、あの味のことを思ふと時刻も目に映つた景色も記憶に戻つて来る。時々夢にまで見る。

信越線長岡駅の弁当

これは仮に弁当と書いたが実はこの駅で売つてゐる食べものならば何でも食べるのに価する。さういふ不思議な駅で、ここで降りたことは一度しかないのにも拘《かかは》らず汽車がこの駅で止る毎に停車時間が一分位しかなくていつ汽車の戸が締るか解らない危険を冒して駅に立つのはそこへ通り掛つた売り子を摑《つか》まへて何でもその売り子が売つてゐるものを買つて食べて見るのが楽みだからである。さう言へばこの頃は汽車が早くなつたのは有難い代りに駅売りのものを買ふのがどうかすると命掛けの早業に似て来たのは残念なことで、あれでは客の乗り降りにも不便ではないかと思ふ。これは新幹線は勿論のこと他所を走る急行でもさうであつて、その為に食べものの方は車内でも売つて歩いてゐるといふのならば駅で買ふべきものを席から立ちもしないで手に入れるのは邪道で味も違ふと返事したい。長岡駅で最初に鱒《ます》の姿鮨《すがたずし》といふのを買つたのは偶然だつた。富山の鱒鮨と違つてこれは小振りの鱒を二匹ばかりそのまま鮨に作つたものでその恰好の入れものに入つてゐる。勿論これは駅売りのものであるから何もこれを食べなければ一生の損であるといふやうなものではないが、その味付けはさつぱりしてゐてその上に米の炊き方が親切で、そんな説明をするよりも要するに食べると旨い。或はこの辺はいい米が取れるので、この飯が旨いといふことはこの駅で売つてゐる凡《すべ》てのものに就て言へることでそれでここの幾種類かある弁当も、それからいつか買ふことが出来た蟹《かに》鮨も先づその点で最初の一口から惹《ひ》かれる。その蟹鮨といふのは蟹の肉をほぐして混ぜた一種のちらし鮨で、これもここの鱒鮨と同様に特別に面倒なことが言ひたくなるのでなしに食べものにあり付いた感じにさせてくれる。又勿論この辺の米がいいといふ理由だけでかういふことの説明が付く訳ではない。

例へばいつか買つたサンドイッチは野菜を挟んだのにマヨネエズが掛けてあつた。それが上等なマヨネエズとか何とかいふのでなくてそれだけの手間を掛ける用意があるといふことになりさうである。その同じ用意が各種の弁当のおかずにも見られて、それでそのおかず毎に食べて見るのが楽みになる。併し兎に角一分かそこらの停車で行き当りばつたりに一種類のものを色々とある中から手に入れるのである。まだ何があるのか楽みである。

長崎の唐墨

これが長崎の特産なのかどうか知らないが兎に角長崎から送られて来るのは旨い。その唐墨《からすみ》のことを字引で引くと鯔《ぼら》の卵を乾したもので、その形が唐の時代の墨に似てゐるので唐墨と言ふのだと出てゐる。さうするとこれも魚の卵でこの他に筋子、カヴィア、数の子と魚の卵が食べものになつてゐるのが色々ある中で死ぬ危険を冒しても一度は食べて見るのに価する河豚《ふぐ》の卵と対照をなすものにこの唐墨があり、これはさういふ優しい味がするものである。そして上等なのは舌触りがねつとりしてゐて、その優しい味といふのをもう少し説明すると乾し柿のやうでもあれば、よく焼き上げたパンの耳にも似た所があり、そしてどこか胡桃《くるみ》を思はせるものがある。つい食べてしまう質の佳品でそれだからゆつくりその味を楽むことも出来て酒の肴にこれさへあればといふ気がするのは要するにこれが何とも旨いといふことになる。

この唐墨はただ薄く切つて食べる他に料理の方法はないやうである。又それだからこそ旨いものなので前に台湾で作つてゐる唐墨は長崎のよりも遥かに大きくて味もいいといふことを聞いたことがあるが、その場所からして恐らくはそれは支那料理で使ふものなので支那料理のやり方で先づ水に漬けて置いてから又乾かしたのを蒸して焼いて煮ると言つた風のことをした後でどんな味がするものか想像も付かない。そこに我が国の料理と支那のとの根本的な違ひがあり、支那料理も旨いのはこんなものがあるかと思ふことがあつてもその方法で我が国の魚を、貝を、或は唐墨をと数へて行くとそんな料理がなくてよかつたのであるよりも料理がその国にある材料に即したものだといふ平凡な事実に改めて突き当る。ただこの唐墨を薄く切るのでなくて塊のまま齧《かじ》りたくなつたことはある。それで本当に唐墨を食べてゐる感じになるだらうと思ふのであるが、それがさうは行かない理由がある。

唐墨はかなり高い値段のものらしい。今思ひ出したもう一つの食べ方にこれを切つて炭火で焦がすといふことがあつて、それを道楽の果てにやり始めると大概は家運が傾くといふ言ひ伝へがある。そのことは前から知つてゐてそれで実は一度も自分で買つたことがないのであるが、まだ長崎の知人にこれを絶讃《ぜつさん》して書いて送るといふ手が残つてゐる。

関東の鮪

これを関東のものと言つてよささうなのは他所で殆《ほとん》ど鮪《まぐろ》のことを聞かず、どうかして鮪に出会つても関東のもの程の味がしないからである。尤も昔はこれは下魚だつたやうで今でも鮪がそれ程の御馳走になつてはゐないらしいが、それでも旨いのだから構はない。これを書きながらも何ともかとも旨いものだといふ気がして来る。先づ魚の中では上等な牛肉に一番近いのではないだらうか。或は上等な鮪に似た牛肉があればそれに優《まさ》る牛肉といふものは考へられなくて、さうすると鮪は牛肉に似てゐてもつと旨い魚といふことになり、それに牛肉は病菌の危険があつて鮪のやうに生では食べられない。又それだから鮪を牛肉の代りに使ふことも出来るに違ひないが、それでは余りに勿体ない。

獣の肉は脂の所が旨いのが多くて牛でも豚でも他の部分と一緒に食べれば脂が一番何か食べてゐる感じがすることがある。併し脂だけでは大概はしつこ過ぎるのに対して鮪は脂とも肉とも付かないとろの部分があり、これに似たものを求めれば上等なバタであるが、さういふバタよりも鮪のとろの方が冴《さ》えてゐる。又その他に赤い所や中とろがあるのは樽《たる》で酒を飲んでゐて一番初めに樽から出て来る酒、真ん中の所、それから終りに出て来るのとそれぞれ味も香りも違つて何《いづ》れとも決め難いのと同じで、ただ或はあの桃色をしたとろの部分が最上ではないかといふ気がしないでもない。例へば珊瑚《さんご》も桃色のが一番いいことになつてゐる。

兎に角鮪のとろのやうな食べものは支那料理は勿論のこと西洋料理にもなくて、その鮪の缶詰めを鶏の肉の代りに使つてゐる国々の人間が憐《あはれ》まれる。併し今は太平洋のみならずインド洋でも日本人の手でいい鮪が取れるのださうで、それが刺身になるのでなくて缶詰めにされるのはこれも企業といふものが現在どういふことになつてゐるかを思へばやむを得ないことかも知れない。又さうなれば東日本の鮪が益々《ますます》珍重すべきものになる。鮪が曾《かつ》ては下魚で、つまり、幾らでもあつて旨いものだつた証拠にねぎま鍋といふものが、これもあつたと今では書くべきだらうか。ただ葱《ねぎ》と鮪だけを煮る鍋でこの頃は確かに余り聞くことがない。これは鮪の値段が上つてからいふ何でもない鍋に使へなくなつたからであるが、このねぎまも惜まれていい。

新潟の餅

これは始めて新潟に行つた時に食べたかき餅《もち》が旨かつたので験《ため》しにお正月用に餅を頼んだので、それ以来それを頼むのが毎年のことになつた。新潟は米どころで知られてゐて、さうすると糯米《もちごめ》もいいのが取れることになるやうであるのみならず新潟は水もいいのでかういふ先づ日本一と思はれる餅が出来ても不思議ではない。これも竜野の素麵《さうめん》と同じで日本国中の餅を食べて見た上で言つてゐるのではないが、これだといふ何かが伝はつて来る印象はこれも自分だけの経験からすれば大概は信用していい。

それに餅が明かに餅であつてそれ以外のどういふものでもないのは或るものがそのもの

だといふ感じがひどく薄れて来たこの頃ではそれだけでも有難い気がする。例へば水餅といふのが他にちやんとした意味がある言葉であるのは解つてゐてもこの頃の餅といふのは多くはやたらに糯米に水増しがしてあつてそれを搗《つ》くから水餅と言ふのではないかと思ひたくなる時に新潟の餅は糯米の水分だけで作つたといふ風で噛《か》み切るのが勿体なくなる。それに餅には餅の味と匂ひがある。これはカレイの匂ひや天ぷらの味のやうに強烈ではなくて寧《むし》ろ仄《ほの》かなものであるが、それが餅を餅といふものにしてゐて新潟の餅にはその味も匂ひもある。その上に真つ白で雑煮の椀《わん》に入つてゐるのがその白さで椀を引き立てる。さうすると餅の他には菜つ葉位しか使はない東京風の雑煮にこの餅がよく合ふことになつて、それが新潟では色々と実を工夫した雑煮が普通のやうであるがこれだけの味がするのには本当は他のものを足して変化を与へる必要がない。

それを肴に屠蘇《とそ》を飲むことさへ出来て、その酒だけはどれが日本一と決して言へないのが飲み助の常識であつても雑煮をもし肴にするならば餅は新潟のを是非試みるべきである。尤もこれはその雑煮と酒の取り合せが艶《えん》であることを言つてゐるだけで、酒の肴にわざわざ雑煮を作ることはないかも知れない。併しそれが正月といふもので又正月の気分でもある。ただの餅の他に新潟のかき餅は缶に入れて置けば夏でもどうもならなくてその二、三年たつたのがあるのを思ひ出して食べたこともある。これは朱色のが海老、緑が青海苔《のり》、薄黒いのが胡麻《ごま》、まだそれ以外に幾種類かあり、その味で暑さを忘れるのにも適してゐる。

能登の岩海苔

この頃は東京を出てどこかに行く時にお土産を持つて行けるものがなくなつた。最後まで残つてゐたのが浅草海苔だつたが、これが今はもう東京で取れなくなつて他所で出来る海苔を浅草海苔の名称で売つてゐることは誰でも知つてゐる。それならば、その産地でその名を付けて売り出せばよささうなものに思へてもさうも行かないらしくて、ここで挙げる能登の岩海苔は兎に角さういふものと違つてゐる。いつか金沢にゐる時にこれが能登の岩海苔といふものだと言はれて出されたのは海苔のやうでも円い形をして黒よりも茶褐色に近いもので、これは海苔粗朶《そだ》で作つたりするのでなくて能登の海岸の岩に天然に付いた海苔をそのまま剝《は》がして乾したものだといふことだつた。それでその円い形も解つて、又能登の荒海で取れた海藻を日に乾せばさういふ茶色掛つた色になるだらうといふ気がした。

その味を時々思ひ出す。先づそれは海の匂ひがして、かういふものは味と匂ひが分けられるものではない。そしてその味と匂ひが一緒になつて能登の海岸といふものを想像させないで置かなかつたのはその際に聞いた話のせゐばかりだつたのでもなささうである。それは荒つぽくて強い一方、何か単純に食べものだといふ感じがして、ただそれだけであるのを茶人は侘《わ》びとか寂《さ》びとか言つて珍重するのかも知れないが、ただ食べものであつてその味がし、それが海の匂ひもするといふのは不思議な気分に人をさせるものである。もし西洋で言ふ通り貝殻を耳に当てると海の響がするのならば能登の岩海苔を一枚食べればそこに海があり、それが荒海であつても岩には日が差してゐることを思ふのも難しくはない。又それには醤油《しやうゆ》を付ける必要もなくて海がある感じがする食べものは幾らもあるが、その多くがその他に何かと味がしたりして複雑なのに対してこの海苔の一枚にはただ海、或は能登の海岸があるだけである。尤もそれを単純と見るか複雑と考へるかは当人次第である。

昔はもつと多くの食べものがかういふ風だつたのではないかといふ気がする。例へば浅草海苔の味には海といふやうなことよりもこの海苔の味を作り出した江戸の文明があつた。そのどつちを取るかといふやうなことは問題にならない。併しただ山を思はせる野鳥や川があるだけの海老も楽しい食べものである。

甲府の鮑の煮貝

甲斐《かひ》は山国であるのに甲府にかういふものがあるのはやはり武田信玄と関係があること

と考へられる。これは割に小型の鮑《あはび》を殻ごと煮て保存が利くやうにしたものでそれを確か鮑の煮貝と言つて売つてゐる。従つて昔は一種の貯蓄用の食料だつたのに違ひなくて信玄がさうした海産物の供給を駿河《するが》の今川、或は小田原の北条に仰ぎ、その保存法の一つにこの鮑の煮貝が工夫されたといふ風な歴史がそこにある気がする。

それでもう一つ頭に浮ぶのは一般に材料が原産でない所の方がこれに加工する技術が発達してゐるといふことでその好例に曾てロシアの帝政時代にペテルスブルグで作つてゐたチョコレエト、今日の英国の紅茶と煙草《タバコ》、或は京都の塩や酢に漬けた各種の食べものがある。そこにないから珍しいもの、又一層旨いものに思はれてその旨さに即して色々と工夫が重ねられることになるのでこの鮑の煮貝もその中に数へていい珍味の一つである。鮑は水貝も旨いが、その鮑を柔く料理するのには何かと方法があるものと思はれて甲府の鮑の煮貝も肉が柔い。それを長く持たせるのが目的の加工なのであるから生の味をそのまま残すのは無理であつても、この煮貝はその味からすれば紛れもなく鮑であつて海から取れたのを少し濃い味で煮ればかうなるのではないかと言つた食べものになつてゐる。それが小型の鮑ばかりなのは余り大きくては火が充分に通らないからだらうか。兎に角その煮貝が二列か三列かになつて箱の中に並んでゐるのを見ると如何《いか》にも旨さうで又事実それが旨い。ただ濃い味といふことだけではそれを幾らでもどぎつくすることが出来るが、それで濃い味の料理はまづいことにならなくて昔の江戸前の料理も食ひしんばうを充分に堪能《たんのう》させたやうであり、甲府の鮑の煮貝はさうした濃い味の部類に属してゐる。要するに味の濃淡を忘れさせる濃い味のものが旨いことになり、この煮貝が濃い味であるといふのは説明する為に詮索《せんさく》に掛つてからのことであつて食べて直ぐに濃い味とは思はない。

併し兵糧を主眼に鮑の保存法を考へてもその味を損はないことに留意した昔の人は奥床しい以上に賢明だつた。我々が何か食べて食べた気がしなければ何も食べなかつたのも同然で二十一世紀に食物が錠剤になるなどといふのは白昼夢に過ぎない。

近畿の松茸

東京のどこかでこの間松茸《まつたけ》の土瓶蒸しが出たので松茸の季節になつてゐることに気が付いた。その松茸を籠《かご》や木の箱に入れたのを今年は誰が送つてくれるかと毎年楽みである。これは日本の方々で出来るもののやうで知つてゐる限りでも長野県から広島県まで産地が拡つてゐる。併しその中でも旨いのは、これは或は送り主がいい場所を心得てゐるといふこともあるのだらうが兵庫県に京大阪、つまり近畿《きんき》の松茸ではないかと思ふ。それが入れものに栗《くり》を敷いた上に載せてあつて、これが来ればもう確かに秋である。

松茸を土瓶蒸しにするのは勿体ない感じがする。或は松茸が勿体ないものだから一人当りが少しですむからいふ料理の仕方をするのであつても値段が高いから少しづつで味もしない位に分けてしまふのでは松茸を食べたことにならない。それよりももつとひどいのは、これはサザエさんの漫画で見たのであるが松茸を鼻息で飛ぶ位に薄く切つて鋤焼《すきや》きに入れるといふ話でどういふものを入れてもその味が肉に負ける鋤焼きのやうなものに紙の薄さの松茸を使ふといふのはそれが漫画だからこそ通る。やはり松茸が足りない時の食べ方は松茸御飯を炊くことだらうか。その反対にあり余つて腐りさうならばこれを佃煮《つくだに》にするといふ手がある。そして量のことを離れて旨い松茸の食べ方はフライパンでバタで炒《いた》めることであると思はれて、これに相当する料理法に昔どういふのがあつたのか解らないがバタは松茸の香りと味を高めるだけのやうでこれ以上の松茸の食べ方を知らない。

併しそれにしても蕈《きのこ》といふのは世界の大概どこにでもあるものらしくて流石にフランスでは何種類かの蕈が料理に使はれてゐるがその中でも、又日本にある十何種類か何十種類かの蕈をそれに加へても松茸に優るものは兎に角まだ食べたことがない。例へば食べものの中で音楽を思はせるものは先づないのに近いが松茸の香りにはどうかすると音楽が聞えて来るやうな感じにさせるものがある。これは野菜とか肉類とかの区別を越えて日本の食べものの中でも珍しいもので、その太つた茎と大きいよりも厚い笠《かさ》を見ただけでそこに他にはない御馳走が約束されたことになる。それだからなほ更かういふものは自分で金を出して手に入れるよりもその季節に人に送つて貰つて喜ぶものだといふ気がしてならない。

薩摩のかるかん

これは今でもまだあるかどうか解らない一種の菓子である。前に聞いた所によると山芋が原料で、これを擂《す》り潰《つぶ》して蒸して作るといふことだつたが見た所は寧ろカステラに似てゐて色がただ黄色でなくて灰色掛つてゐる。一体に菓子といふのは沢山食べられないのが難点で、そのことを作る方でも考へてゐるのか一つか二つでいやになるやうな味にしてあるのが普通である中でこのかるかんは旨いので記憶に残つてゐる。これも幾らでも食べられる訳ではないが、その原料が山芋なのでねつとりしてゐてこれに丁度いい位の甘さが加り、何か食べてゐるといふこととそれがどこか甘いといふことの他に何もない菓子といふ菓子の一つの理想型がこのかるかんにある。或はそれでは少し言ひ足りなくて、そのねつとりしてゐる所が如何にも糧といふ感じがし、その原料の山芋といふのがもともと甘くなくもないものなのだからかるかんの甘さはそれをただ少しばかり増しただけで邪魔にならず、一番強いのが何か食べてゐるといふ満足した気持であつてこのやうな菓子を他に知らない。或はもしあるとすれば非常に洗練された方法で作つた或る種のパイであるが、さういふものはやはり味も凝つてゐて何か食べてゐるだけといふのが現状であるよりもその味に垣間《かいま》見《み》る一つの理想である時にかるかんはそれそのものでロを喜ばせる。

薩摩《さつま》といふのが日本では熱帯に一番近い南国でそこの食べものや飲みものと言へば先づ芋焼酎《ぜうちう》に薩摩芋といふ風なものを考へるのに、そこでよくこのかるかんのやうなものを作つたと思ふ。それが何か食べてゐるだけだとか僅《わづ》かに甘いとかいふのは要するにこれが優《やさ》しい食べものであることで、この菓子に即して薩摩といふ国を見直す余地がある。又この菓子のさういふ性格を思へば益々この菓子をもう作つてゐないのではないかといふ気がして来る。これだけのものを作るのにただ山芋を摺り潰して蒸してといふやうなことですまないのは明かであつて、その上に山芋はうどん粉と違つてさう幾らでも集められるものではない。既に原料が制限されてゐて製法が手が込んだものであればカステラ、ビスケットの類に適当に名を付けて大量生産と宣伝で売り出す道を封じられて、もしそれでもかるかんがまだ作られてゐるならばそれは本ものであつて確かにその点は安心出来る。

茶漬け

からいふものは自分の家でやるのが一番間違ひがなくて旨いのは勿論であるが、それを何百杯も何千杯も手掛けて来てその経験から独特の味を出すといふこともあり、昔から茶漬け屋といふのか何といふのか、兎に角茶漬けが売りものの店があつた。

尤もさういふ店で昔知つてゐたのが今は一軒もないのでそのうちの二つ、或は二種類の茶漬けを思ひ出話に書くと一つは前に新橋駅の近くにあつた店で食べさせたもので新橋茶漬けと言つた。要するにこれはどこの家でも出来て鮪の刺身がある時には大概誰でもやる鮪の海苔茶漬けだつたが、ここのは海苔と鮪に白胡麻が振つてあつてそこが手馴《てな》れた仕事であるのが違ふ所なので白胡麻の味しか気が付かない位その鮪と海苔と茶漬けが鮪の海苔茶漬けといふ他ないものになつてゐた。さうするとやはりそれが鮪の味がしたり海苔の味がしたりして結局はただ旨いといふことになる。その茶漬けが大きな丼《どんぶり》に入つてゐたのも嬉《うれ》しかつた。それが大きくても茶漬けの飯の量は飯の普通の一杯には及ばない筈であるからこれはそれだけ鮪や海苔が入つてゐることになり、旨いものが沢山ある感じはその方から眼を喜ばせもするといふことがある。

もう一つの店は大阪のどこかにあつて、いつも人に連れて行つて貰つたので正確には今でもどこなのか解らないが解つてゐた所でこの店ももうない。それは鰻《うなぎ》屋で、そこで頼めば鰻の白焼きの茶漬けに海苔と山葵《わさび》を加へたのを作つてくれた。それは東京の新橋茶漬けよりも更に凝つた味だつたと言ふことが出来て、それが蒲焼《かばや》きならばこれも鰻を取つた時に誰でも家でやるものであるが、その鰻が白焼きであることで味が遥かに仄かなものになり、それでも明かに鰻でそれと山葵と海苔茶漬けの配合が茶漬けといふことを考へさせない所まで行つてゐた。先づ何か上等な吸ひものといふことになるだらうか。それが吸いものといふやうなものよりもずつとこくがある食べもので、この海とも陸とも付かない境地が食べものでは一つの極致を示すものかも知れない。例へば二日酔ひの朝もしこれがあつたらどんな味がするだらうかと思つたものである。併し当り前な話ながら、これは遂《つひ》に験して見る機会がなかつた。尤も茶漬けには勿論茶の問題がある。その茶は食べものでないので書けないのが残念。

東京の雑煮

お正月の雑煮といふのは場所によつて作り方がかなり違ふやうで、その中には話だけ聞いてゐると雑煮ではなくて凡そ色々なものが入つた一種のごつた煮ではないかと思ふのがある。そして一体に東京のよりも餅の他に入れるものが多いらしいが、これは東京のが餅以外には菜つ葉位しか入らないのであるからそれよりも具が少い雑煮はあり得ないとも考へられる。併しこの東京の雑煮はこれで旨い。或はかういふ簡単なのは幾らでもまづく出来るに違ひないが、それが方式通りに作つてあつて餅がよければその餅の味と匂ひを楽むのにこれ以上の雑煮の作り方はないと思はれておせちその他、正月の食べものは何かとあればある程新年が芽出たく感じられるものであつても雑煮はこの東京の簡単で新鮮なのが湯気を立ててゐるのに限ると前から考へてゐる。尤も誰でも自分の生れて育つた所の仕来《しきた》りに執着するものであるから本当は各種の雑煮を食べ比べでもしなければ確かなことは言へない訳である。

併しそれをしたいとも思はない位東京の雑煮をちやんと作つたのは旨いものである。それに使ふ餅は東京のは勿論話にならないが餅はどこのでも今は手に入つてその中で新潟の餅が飛び切り上等であることは既に書いた。そして不思議にかういふやり方では一緒に入れる小松菜か何かも生きて来てこれが菜つ葉だといふ味がするのみならず気のせゐか、その緑も冴えて見える。それに純白に焦げ目が付いた餅で汁が光り、傍に味醂《みりん》でなくて酒に屠蘇散を浸したお屠蘇があつて正月が間違ひなく正月になる。この他にも餅の食べ方は色々あつてもかうして東京風に作つた雑煮が一番餅の味を引き立てるやうで、これが確かなことに思はれるのはかうする以外に餅が酒の肴になるといふことが考へられない。或はかうして始めて餅のやうなものも酒の肴になるので、これは東京風の作り方を工夫した人間、或はこの仕来りが出来た江戸の人間全体が酒飲みだつたことを示すものでなければならない。

いい所に生れたものである。そこへ餅がこんがり焼けた匂ひが漂つて来て屠蘇散の袋を浸した大杯に酒が光り、芽出た芽出たの若松様よであつて、この頃は数の子が大変な値段だと書きたてられるがダイヤモンドの指輪を買つたりするよりもまだ増しでずつと安い。

日本の米

日本の食べもののことを書いてゐて米のことに触れずにゐる訳には行かない。今日ではこの米の存在までが危くなつてゐる感じがしないでもないが、それが我が国で出来た米は凡て政府が買ひ上げるといふ途方もない制度の為であることも現在では誰でも知つてゐて、さういふことになつてゐるのが選挙の時に選挙民に農民が多い地域の代議士の当落がそのことに掛つてゐるからであることも既に常識である。もしまづくても劣悪でも米の形さへしてゐる限り我々の税金でこれを買ふ決りになつてゐれば米の品質が落ちるのは解り切つたことで、この制度が政府にとつて辛くて米を作らないことを奨励するに至つて全くさうした人為的な事情から日本の米がなくなることも一応は考へなければならないことになる。これに対して農民の一部の言ひ分は彼等が戦争中に苦労したといふことにあるらしい。それで優遇しなければならないといふのならば農民でない我々国民は戦争中にどういふ思ひをしてゐたのか。

併しかういふのは米がまづくなる話で日本の米は今でも旨い。恐らくこの頃の流行に従つて各種の分析や資料集めを行つてもこれは立証出来ることである筈で、それは日本の米のやうなものが世界にないといふことでもある。これはそれだけで食べられて食べものに対する我々の要求といふものに凡ての点で応じてくれるものであり、それが余りにさうなので例へばカレイライスと言つた米以外のものの味で食べさせる料理を旨くする為に曾ては東南アジアから安南米と称するものを輸入してゐた位だつた。さうでないと日本の米の味が豊かであり過ぎてカレイの方が負けるからである。その頃は米屋が日本の各地から取り寄せた米を銘々のやり方に従つた割合で混ぜて売つてゐたもので、これはコオヒイと同じでさうすることで味を一層よくする為だつた。併しそれが出来なくなつた現在でも気を付けて炊いた米が芳香を放てばやはり主食といふことでじやが芋や麦を作つてゐる民族が憐まれる。

その日本の米がなくなるといふのも実は情勢を不当に悲観してのことで、もし農民が米を作らなくなれば他のものがこれを作ることに上達するに違ひなくてその時にそれが日本の農民になる。この米がどれ程のものであるかはその米で出来る酒の味によつても解る。

琉球料理

戦争が終つて間もない頃に、先輩に琉球料理の店に連れて行つて貰《もら》つたことがある。勿《もち》論《ろん》、その当時は料理屋がまだ闇《やみ》でしか営業してゐなかつたから、この店も表に沖縄舞踊研究所とか何とかいふ看板を出してゐた。そしてこつちは、酒などといふものをもう何年も見たことがない状態だつたので、その上に琉球料理を出されたり、琉球の踊りを見せて貰つたりして、ただ何だかどこかの御殿に行つたやうな感じがしたことしか覚えてゐない。

それから大分たつて、今度はもつと世間も落ち着いてから、同じ店なのかどうか解《わか》らないが、銀座裏に新築した琉球料理の店に又行つた。何かの会があつた折で、その時はこつちも体や頭の調子が前程は変でなかつたから、泡盛の古酒だといふクチュとかいふ酒も旨《うま》かつたし、女中さん達が着てゐる琉球風の着物を珍しく思ひもして、昔の那覇といふ町はどんな所だつたらうと空想する位の余裕を取り戻してゐた。翠の字が入つた名前の店である。

この二回と、マニラの方に、飛行機で行く途中、それから香港の方から帰つて来る時に、沖縄の飛行場の待合室をぶらついた他は、沖縄とは直接に何の関係もない。そしてそれだけのことならば、その位の接触がある所は少し大袈裟《おほげさ》に言へば、世界のどこにでもあつて、旅行中に御厄介になつた場所の中では沖縄は縁が浅い方である。併《しか》しそれ程の縁もないものにとつても、沖縄が特別の意味を持つてゐるのは、この島の殆《ほと》ど全土が今度の戦争で最後の戦場になり、彼我両軍の将兵のみならず、無数の島民がその為に死に、この島の文化は亡《ほろ》び、或《あるい》は亡んだのに近い状態に置かれて、今日でもまだ立ち直つてはゐないからである。

戦艦「大和」があの壮烈な最期を遂げたのも、沖縄の救援に赴く途中で、我が特攻機の多くが散華《さんげ》したのも沖縄である。硫黄《いわう》島の攻防戦も凄絶《せいぜつ》を極めたが、硫黄島はせめても今度の戦争で戦略上の要地になつてその守備に大部隊が送られるまでは、殆ど草木も生えない太平洋の孤島だつたのに対して、沖縄は長い歴史と特異の文化を誇る島民が豊かな生活を送る場所だつたのであり、その余沢で旅情を慰められた内地人も少くない筈《はず》である。例へば、佐渡や天草が戦塵《せんぢん》に見舞はれては荒地に変じるのと同じであつて、今度の戦争中にその悲劇をこの島は見た。

今、那覇の町はアメリカ風の市街になつたと聞く。那覇が燃えるのを見ながら死んで行つた島の人達のことを思はずにはゐられない。彼等の死を聞いて悲む筈の故郷が彼等とともに残骸《ざんがい》となつたのである。沖縄が日本に返つて来た日に、我々は何よりも先にこの島に記念碑を建てなければならない。それには、「光栄ある死者に」と「忘れない為に」の二行の言葉を刻めば足りる。

Ⅳ

女房コック論

満腹感

人間は食つてゐなければ死んでしまふのだから、食はないで食つた振りをしなければならない通人などといふものになるのには、特殊な技術を身に付けてゐなければならないのだらうが、食ひしんばうでだけはありたいものである。嫌でもしなければならないことは楽んでやれた方がいいのに決つてゐて、食ふのが人生最大の楽みだといふことになれば、日に少くとも三度は人生最大の楽みが味《あぢは》へる訳である。

併《しか》しこれは平和の時の話で、戦争中は全くみじめなものだつた。その頃は大家でなければ出版界が相手にしてくれなくなつてゐたので、仕方がなくて或《あ》る所に勤めてゐた。当時の配給では、昼の弁当に小さなお結びが四つしか作つて貰《もら》へなくて、女房が栄養価を上げようとしてこれを油でいためてくれるのだが、さういふ加工が施《ほどこ》してあるだけになほ更そんな小さなのが四つでは腹の虫が納らなかつた（実際、悲しいのを通り越して、何だかもう無念で仕方なかつた）。同じ部屋にゐた女の子が、吉田さんがお弁当を食べてゐるのを見てゐるとほんとにおいしさうだわ、オッホッホと言つた時は、張り倒してやりたくなつた。その四倍も五倍も食べたいのに、雀《すずめ》の涙四粒で我慢してゐるのだから、ガツガツしてゐるやうに見えなかつたらどうかしてゐる。

幸にその勤め先は昼休みの時間が長くて、二時間は部屋に戻つて来なくても平気だつたし、退社時間の三十分前に帰つて来た所で課長が少し変な顔をする位が関の山だつた。要するに、半官半民の宣伝団体のやうな所で、国威宣揚のパンフレットを作るにも紙はないし、作つても大して需要がないので、仕事がなかつたのである。それで、朝中そこのスチイムを献納してしまつた寒い部屋でぶるぶるしてゐた後に、四粒の雀の涙を一呑《ひとの》みにして午後の大部分は外に出て食ひもの屋を漁《あさ》つて過した（冬の寒さが殊にひどかつたらしくて、夏はどうだつたか忘れてしまつた）。何も獲ものがなくて、これだけはどこに行つてもある昆布茶といふ妙な飲みものを啜《すす》り、それに付いてゐる蜜柑《みかん》の一切れか何か食べて戻るなどといふ時は悲しかつたが、先《ま》づ大漁の部類に属するものにぶつかることもあつた。

その勤め先は、今でもアメリカの空軍司令部がなかなかどきさうにもない馬場先門の明治生命ビルの七階にあつたが、或る昼休みのこと、何か本能を刺戟《しげき》するものがあつて電車に乗り、日比谷で乗り換へて虎ノ門を過ぎ、飯倉の坂の途中まで行つて降りた。電車の窓から眺めた景色は、その頃の東京ならばどこでも見られたもので、沢山店が並んでゐても店に出てゐる品物に碌《ろく》なものはないし、その中でも飲食店は特に貧相だつた。「休業」といふ札がぶら下つてゐるのが大部分で、「営業中」の札を出してゐるのは、大概、前記の昆布茶といふ飲みものしかない喫茶店だつた。

兎《と》に角《かく》、さういふ店を横目で睨《にら》みながら坂を登つて行つた。一見して蕎麦《そば》屋と解《わか》る造りの店が、「長寿庵」だとか、「藪八《やぶはち》」だとか書いた看板の脇に、「本日休業」の札を下げて戸に埃《ほこり》を溜《た》めて立つてゐるのが、殊の他哀れだつたのを覚えてゐる。そのうちに、さういふ店に挟つて、水色のペンキが剝《は》げ掛つた木造の建物が一軒あつた。それが支那料理屋で、「営業中」の札が掛つてゐたかどうか忘れたが、中に入つて行つたのだから、掛つてゐたのに違ひない。そこで天ぷらを売つてゐた。

天ぷらと言つていいかどうか解らないやうなもので、魚だの野菜だのを油で揚げただけなのだから、今ならば場末のお惣菜《そうざい》屋でももつと旨《うま》いものがあるが、その頃町中で買へる食べもので油で揚げた魚などといふのは珍品中の珍品だつた。会員組織か何かになつてゐて、ふりで入つて来て註文《ちゅうもん》しても断られるのではないかと思つた位である。所がさうではなくて、その上にその頃お決りだつたお一人様一皿などといふのとは違ひ、後から後からと頼むがままに持つて来てくれた。一皿二円だつた。当時としては安くはなかつたが、金があつても買ふものがない時代だつたから、二十円や三十円はいつもじやらじやらしてゐるのではなくて、財布の中に十円札で腐つてゐた。

幾皿食べただらうか。馬場先門で電車に乗つてから既に何時間かたつてゐて、帰れば課長に変な顔をされる時刻になつてゐたが、それでもまだ食べてゐた。窓越しに見える往来に薄日が差して、車道に敷き詰めた舗石が鈍く光つてゐた。腹の中が久し振りに温いのが、何とも言へなく頼もしくて、自分にも曾《かつ》ては青春があつたといふやうな感じにさへなつた。後年、やはり冬の寒い日に始めて東京温泉に行つて、電気仕掛けの戸棚風の箱に入れられた時に思ひ出したのが、この時の蕩然《たうぜん》とした気分である。少くとも八皿の揚げものを平げたと記憶してゐる。

この店はやがて油が切れたらしくて、三度目に行つた時はもう止《や》めてゐた。二度目の時は家から入れものを持つて行つて、一杯詰めて貰つて帰つたが、家で晩飯のおかずに食べて見ると、思つた程旨くはなかつた。悪い油を使つた揚げものが冷たくなつたのだから、これは当り前かも知れない。併しあれだけ腹を減らしてゐた時代なのだから、もつと旨くなかつたのが今でも何となく残念な気がする。大きな風呂敷包《ふろしきづつ》みになつて、帰りの電車の中で苦労した。一体、あの頃の我々は数字で言つて、どの位腹を減らしてゐたのだらう。もしさういふ計り方があるとすれば、零下何十度と言つた感じの数字が出て来るに違ひない。これは「満腹感」といふ言葉が発明されたことによつても解る。

それで思ひ出すのが雑炊食堂である。雑炊食堂はこの「満腹感」を我々に与へる為《ため》に生れた国家的な施設だつたのである。初めは政府（と言ふのか、軍部と言ふのか知らないが）の方でも相当な力瘤《ちからこぶ》の入れ方だつたやうで、これさへあれば満腹感間違ひなしと言はれて見れば、宣伝に釣られてさうかも知れない気になつた。東京都内だけでも恐らく何百軒といふ飲食店が雑炊食堂に指定されて、宣伝に釣られたものは一食五勺の割合で配給米を食堂に運び、引き換へに何枚かの食券を貰つてそこで自分の名を登録して貰つた。愈々《いよいよ》開店の日が来て、多分その食堂は帝劇の地下室にあるのだつたと思ふ。帝劇の地下室に一軒あつたことは確かで、何故そこだか、どこか他所《よそ》のだつたか覚えてゐないかは後で説明する。

兎に角、店の前に列を作つて中に入つて見ると、薄暗い中に長い木の卓子とベンチが何十も並べられ、そこまで行く前に帳場と台所を通る仕組みになつてゐた。帳場で券と五十銭と引き換へに木の札を渡されて、これを持つて台所に行くと、大きな丼《どんぶり》におじやのやうなものが入つて湯気が立つてゐるのをくれた。二杯までいいといふので、一円払つた。それでこのおじやのやうなものだが、これは我々から集めた一食五勺の米に、政府の足し米を幾らか混ぜて、同じく特配の味噌《みそ》だの、大根の切れつぱしだの、丸干しだの、凡《およ》そ色々なものをごちやごちやに入れて煮たもので、それが丼の中でだぶつく為に、丼を二つ運ぶのに骨が折れた。満腹感とはよく言つたものである。何しろ米1に対して水1の割合位で、その他に水分をたつぷり含んだ大根だの、丸干しだのが丼に一杯分も二杯分も腹の中に流し込まれるのだから、何となく食べたやうな気がして、その証拠に腹が妙に重かつた。

それでゐて実質的には満ち足りた感じになれなくて、栄養価が低いのを水分と熱でごまかさうとしてゐるのだから仕方がないことだが、丼を空けた途端に直《す》ぐに又腹が減つて来さうな気がするのが、これがいけなかつた。と言ふのは、初めは一食について配給米を五匂取られるのでは、さうのべつ幕なしに満腹感を味ふことは出来ないと思つてゐたのだが、流石《さすが》生きた人間は豚にはなり切れないらしくて、やがて各食堂とも雑炊が余つて困るやうになつた。出だしのもの珍しさが過ぎてしまへば、それからも食堂に通ひ続ける程旨いものではなくて、それに食後の感じが重苦しいだけで栄養がない為に執務にも差支《さしつか》へたらしく、真面目《まじめ》な人間はそんな所に行かなくなつたのである。それで、頃合ひを見計つて入つて行けば、どこの食堂でも雑炊の自由販売をしてゐた。だから何杯でも貰へた訳だが、それがさう簡単でなかつたのは、大きな丼を二つ以上手に持つのが無理なのと、何度も帳場と台所と卓子の間を往復するのは極《きま》りが悪かつたからである。併しまだこの先がある。

一軒では二杯でも、その頃丸ノ内から日比谷に掛けての界隈《かいわい》にかういふ食堂が幾らもあつた。明治生命ビルの地下室に他の食堂よりも少し遅れて一軒開業し、ここを出発点として、次に行くのが帝劇の地下室、今の日活会館の裏にあつた森永の食堂で又一軒、日比谷の交叉点《かうさてん》の向うにもう一軒、この四軒を順繰りに廻《まは》つて二杯づつ食つたことがあつた。その時のことを覚えてゐるのは、一度しかやつたことがないからである。当時の日本政府認可の雑炊を八杯食ふとどんな気持になるか、これはちよつと筆紙に尽し難い。下を向くと危いので、なるべく顎《あご》を上にして重い足を引き摺《ず》つて明治生命ビルの方に戻つて行つた時、腹の中でおじやがごつぽんごつぽん揺れるのを確かに感じた。それで雑炊は駄目だとやつと覚《さと》つたのである。

ここまで書いて来て読み返して見て、とてもその先を続ける気などはしなくなつた。ひどいものである。どうも戦争中の我々は、或《あるい》は少くとも筆者一人は、餓鬼道に堕《お》ちてゐたらしい。だからもう戦争中の話をするのは止め、序《つい》でに終戦直後に、闇《やみ》マアケットで安くて比較的に食へるものを漁つた話も書かないことにする。焼芋を一皿二切れか三切れ、十円で売つてゐたのだからいやになる。これだけはどうしても買ふ気になれなかつたから書いて置く。

やはり食べもののことを問題にするのなら旨いものの話をする方がいいやうで、今度は戦後といふ名に相応《ふさは》しい時代も過ぎて、料理屋が、——どんな料理屋でもだから、食べもの屋と言つた方がいいのかも知れないが、——闇成金にしか行けない所ではなくなつてからのことに一飛びに移ることにする。

本ものの通人の御馳走《ごちそう》談義を読むのは楽しいものだが、ここでは自分本位に話をするとして、どうせ何か食べに行くのなら、安くてたつぷりあつて、旨いだけでなくて早く持つて来てくれる所がいい。値段のことは戦争前までは何とかなるものだつたから、さう気に掛けることはなかつた。併しその後は何しろ、成金でなければ食べもの屋に入れない時代もあつた位で、やつと我々も弁当を持たずに出掛けられるやうになつた今日、値段は大いに関係する。従つて日本料理は極《ご》く普通の小料理屋以上の料理屋、料理の他に葡萄酒《ぶだうしゅ》も註文したくなる程度のもののレストラン、本式の支那料理屋、——要するに、本ものは皆駄目である。値段が高ければその割りにまづいと思ふし、さういふ場所に招待されてただ食べさせられてもまづいのだから、妙なものだと思ふ。

それで、金を払つて外でものを食べることが偶《たま》にはあるやうになつた頃、友達に教へられて行つた場所の一つに、銀座裏に維新號といふ、——何と言ふのだらう、一種の支那料理屋があつた。これは今でもあつて、繁昌《はんじやう》してゐる筈《はず》だが、支那饅頭《まんぢゆう》とワンタンしかない。チャシュウメンも、ラアメンも、焼豚も、鯉《こひ》の丸揚げも、前記の二品の他は何もないのである。そしてこれが又頗《すこぶ》る旨かつた。ワンタンといふのは、饂飩《うどん》はうどん粉を棒状に捏《こ》ねたものであるのに対して、同じうどん粉を平に伸ばしてぶつぎりにしたのを、支那風の汁に入れたものだと決めてゐた所が、維新號のワンタンを食べて、本場の支那で食べるのがこれと同様に、豚肉をメンチにしてうどん粉の袋で包んで、汁に浮かしたものだつたことを久し振りに思ひ出した。それも維新號のは丼にさういふ袋がワンサと入れてあつて、汁よりも中味の方が多くなつてゐる。

これには全く堪能《たんのう》した。一杯僅《わづ》か百円だから、少し持つてゐれば、帰りの電車賃の心配をする必要はないし、目の前には豚肉が入つたうどん粉の袋がギラギラした汁に、浮いてゐるのではなくてずつしりと重なり合つて沈んでゐる。一杯食べると何だかまだ少しお腹《なか》に余裕があるので、お代りを頼み、序でにもう一杯註文したこともあつたが、三杯目の終りの頃は随分苦しかつた。量の方のことばかり言つて、味のことを書くのを忘れた。支那料理にも勿論《もちろん》、色々な流儀があるのに違ひなくて、黙つてゐる方が賢明である。併し大ざつぱに支那式の支那料理と支那式ではない支那料理を区別して見ると、支那式の支那料理には何とも形容し難い一種の臭味のやうなものがあつて、馴《な》れるとそれに出会ふ度に、どうにもこたへられなくなる。何か香料の関係なのだらうが、維新號のワンタンにはそれがあつた。だから四杯目を頼めなかつたのは、まづいからではなくて、全く量の為だつたのである。

維新號の二つ百円の肉饅頭も、皮を破ると中から汁が湯気を立てて出て来る、拳大《こぶしだい》の逸物で、これに附けるたれが又旨かつた。併しさういふ大きなものを頬《ほほ》ばるのは相当顔や手が汚れるもので、後でべたべたになるのが辛《つら》くてワンタンの方程は愛用しなかつた。既に書いた通り、この店はまだある筈で、この頃行かなくなつたのは単に、ワンタンも余り食べれば倦《あ》きてしまふからに過ぎない。その維新號の傍に蕎麦のよし田屋があつて、ここは主に飲む為に行くのだが、よし田屋の天ぷら蕎麦で思ひ出したことがある。昔、昼飯は蕎麦屋に入つて天ぷら蕎麦を食べることに決めてゐた時代があつて、当時は五杯までなら楽に食べられたものである。それで戦後に蕎麦屋が方々で復活して、昔の懐しさで天ぷら蕎麦を註文して見たが、五杯どころではなくて二杯目がやつとだつた。昔の方が天ぷらが多くて、蕎麦が少かつたのではないだらうか。どうもそんな気がしてならない。よし田屋の蕎麦に文句を付ける気はないから、これは勿論別である。

晩、外に出てゐる時は飲むのが主になるのに決つてゐるから、食べもの屋に入るとなるとどうしても昼飯本位になる。それで色々考へて見るのに、そこでその旨い、安い、手つ取り早い、量がある等の問題が生じる訳なのだが、これは或は当人の商売と関係があることなのかも知れない。或る種の、例へば筆者自身が属してゐる階級の文士が朝から外出するのは、大概、原稿を持つて出版社、雑誌社、或は新聞社に金を貰ひに行く為である。さういふ時は、前の日の夜遅くまで原稿を書いてゐるといふことがなくもなくて、それで起きて出掛けるのだから、朝飯など食べてゐる暇も食慾《しよくよく》もない。それで昼頃になると腹が猛烈に減つて来て、それこそ維新號の肉饅頭の二皿でも三皿でも平げられさうな気がして来る。だから量は絶対になくてはならないのである。

併しながら、値段が問題になつて来るのはこの量のことと結び付いてゐるだけでなくて、金が午前中に全部集ればいいが、係のものがまだ出社してゐませんといふやうなことになると、集金は勢、午後も続行されることにならざるを得ない。だから午前中はまだ大して金が入つてゐないと見ていいので、さうなれば高い店で昼飯を食ふことはどうしたつて出来ない訳である。それで安くなければならないが、午後からも集金を続行するとなれば、さう昼の食事に愚図愚図してゐられない。おまけに腹が減つてゐて、レジスタアの女にもかぶり付き兼ねない状態に立ち至つてゐるのだから、それで註文した料理をさつさと持つて来る店がいいといふことになる。この昼飯時の感じは飲みものに端的に現れてゐるやうである。近代的な設備が完備したビヤホオルなどといふものが出来ると、一晩中ビイルを飲んで過すのもそれなりに愉快になつて来るが、どうも今晩はどこで何を飲まうかと思つて見る時、日本酒のことが先に頭に浮ぶ。併し昼はビイルに限る。がぶ飲みが出来てお燗《かん》する面倒がないし、ただこの頃は決して安くないのが玉に瑕《きず》である。

さういふ見地から、この頃は新橋駅前の小川軒といふ料理屋によく出掛けて行く。第一、店の感じがいい。本当は、店といふものは誰が入つて来ても等しくその店の客として迎へられて、それだからどこに誰がゐるかちつとも解らず、悠々と人中の孤独が楽めるものでなければならない。集金の最中に人中の孤独もないかも知れないが、その雰囲気だけはあつて欲しいものである。小川軒にはさういふ雰囲気があつて、汽車に乗つてゐるやうでもあり、自分の家にゐるのにも似てゐる。これは今まで挙げて来た条件に入つてゐない贅沢《ぜいたく》で、条件が揃《そろ》つてゐる上に贅沢が出来れば、それに越したことはない。

小川軒はオックス・テエルと称する牛の尻尾《しつぽ》を煮たのがいい。大きな皿に牛の尻尾をぶつぎりにしたのがごろごろしてゐて、その廻りにこつてりしたソオスが皿の外まで溢《あふ》れ掛けてゐる。牛の尻尾といふのは、何だか知らない軟かな、透明なものと、肉とが混り合つたもので、嚙《か》むのに骨が折れないし、変な臭味があつて旨いし、小川軒では、頼めばアメリカ式のではない本ものの辛い芥子《からし》を付けてくれる。ビイルを一本飲んでゐるうちに出来て、これにはかういふ食べ方がある。先づ肉を骨から剝がして、一面に芥子をなすり込み、それから一口分位づつに切る（エチケットのことはこの際、問題外である）。それから持つて来た本を開いて、何と言ふのか、塩だの胡椒《こせう》だのが入つてゐる壜《びん》を載せた小さな台が卓子毎《ごと》に置いてあるのに立て掛け、オックス・テエルの皿で本の下部を抑へて、本が閉ぢないやうにし、それから右手にビイルが残つてゐるコップ、左手にフォオクを取つて、読みながら飲んで食べる。お行儀だけでなくて、衛生学的にも余りいいことではないかも知れないが、兎に角、いい気持である。

ヴァレリイの「テスト氏」の主人公は、「下剤を掛けるやうな具合に食べた、」と書いてある。彼も証券取引所でその日その日の金を稼ぐ相場師だつたことを忘れてはならない。併し「時には一流の料理をゆつくり楽みながら食べた、」とも書いてある。これは彼がちよつと儲《まう》けた時に違ひない。

これはいい結びだと思つて喜んでゐたのだが、初めの方を読んで見たら、本ものの料理屋は皆駄目だといふ箇所にぶつかつた。さうするとここに書いた維新號も、蕎麦のよし田屋も、小川軒も、一つ残らず本ものではないことになる。これは大変な間違ひである。勿論、何《いつ》れも本ものなのであつて、初めに言つた「本もの」といふのは、さういふ常識を通り越した、例へば書籍で言へば豪華版の限定版に類するものを意味するのである。豪華本の中には、手に取つて見て惚《ほ》れぼれするやうなのもあるが、そんなもので文学の勉強をする積りは少しもない。一言付け加へて置く。

胃の話

筋肉は使へば使ふ程発達するといふのが本当ならば、胃も食べものを詰め込むのに従つて益々《ますます》沢山食べられるやうになる筈《はず》である。併《しか》し少くとも子供の場合は、さうは行かないのが普通であるらしい。幼少の頃を振り返つて見れば、腹一杯食べては食べ過ぎて、食べるどころではなくなり、それが直つて又腹一杯食べてはの連続だつたといふ印象を受ける。従つて、五目鮨《ずし》、鰻丼《うなどん》、メンチボオル、赤の御飯、煮染《にし》め、栄螺《さざえ》の壺焼《つぼや》き、鰤《ぶり》の照り焼き、カレイライス、天麩羅蕎麦《てんぷらそば》、親子丼、鉄火巻き、茶碗蒸《ちやわんむ》し、おでん、鴨《かも》南蛮、粽《ちまき》、大福餅《もち》、汁粉などの食べものの経験を積む他に、重湯、流動物、お混じり、オブラアト、タカヂアスタアゼ、ひまし油などの病人の知識も仕入れた。

見方によつては、かうして食べてはお腹《なか》を壊すのを繰り返してゐるうちに、胃も次第に鍛へられて、雨にも風にも、雪にも夏の暑さにも負けないしたたかものの消化器官が出来上つたとも考へられるが、医者の意見では寧《むし》ろ、もう少しで死にさうになるまで食べ過ぎるのを重ねて（確かに、一度は本当に死に掛つたのを覚えてゐる）、それでも死なずに生き延びて今日でもまだ食べてゐるのが胃が強い証拠で、あんなに鍛へなかつたら、今頃はもつと強くなつてたかも知れないといふことになるやうである。併し別に、今よりももつと岩乗《がんじよう》な胃が欲しいとは思はない。我々は余り慾《よく》を出してはならないので、鰻丼の後で親子丼を食べてそれでもどことなくもの足りないから、鴨南蛮を一つ頼む程度の胃ならば、それで満足すべきである。尤《もつと》も、鰻丼一つだけで満足することが出来たら、なほいい訳であるが、その点でも、余り慾張つてはならない。多い方でも、少い方でも、七分目といふ所を我々は望みたい。

併し今になつて不思議に思へるのは、よくもまああんなに小さな子が、それも終始お腹を壊してゐるにも拘《かかは》らず、あれだけのものを食べることが出来たものだといふことである。大人が止めさうなものであつて、それをしなかつたのは両親が恐しく甘かつたからか、でなければどうしたのか、そこの所は思ひ出せない。

兎《と》に角《かく》、その頃歓声を上げて迎へたお八つなるものが、大きな西洋皿に山盛り一杯、ビスケット、干菓子、棒状のビスケットにチョコレエトを塗つて銀紙で包んだ、何といふのかもう忘れた菓子、その他の菓子を積み上げたものだつたのを、今でも覚えてゐる。お八つがさうだから、朝、昼、晩の食事がどんなだつたか、戦後のかういふ御時世では書くのが恐しい。その食費は親が稼いで来たものに相違ないが、当時は万事が楽な世の中だつたから、これは憐《あはれ》むには当らない。

併し妙なもので、それだけの三度の食事と、それからお八つを、病気になつてゐない限り平げながら、こつちは別に自分のことを大食の子供だとは思つてゐなかつた。その証拠に、こんなことがあるので、後年、或《あ》る英国人が書いた日本案内記を読み、その頃は朝鮮もまだ日本の領土だつたから、この本には朝鮮のことも出てゐて、それによると、朝鮮の女は子供に喉《のど》まで飯を食べさせ、一応、喉まで来たやうならば、更に子供を寝かせて匙《さじ》か何かでその腹を叩《たた》いて見て、ぽんぽこりんになつてゐなければ、なるまで又飯を押し込むといふことで、自分も朝鮮人の子供だつたならばと、全く羨《うらやま》しい感じがしたものだつた。

といふことは、自分が子供の頃には匙で腹を叩かれるどころではなくて、始終端から、もう止《や》めなさいと言はれて育つたと後々まで考へてゐたことを意味してゐる。確かに、もう止めなさいと言はれて育つたのは事実なのだから、これはさう考へるのが当り前である。

そして朝鮮人に生れなかつたので命拾ひをしたのかも知れない。

何《いつ》れにしても、さういふ訳で、鍛へたので胃が強くなつたのか、それとも鍛へたにも拘らず死なずにすんだのか、段々にひまし油やお混じりの御厄介にならなくてもやつて行けるやうになつた。筆者と違つて子供の時から胃が丈夫だつた人の中には、ひまし油がどんなものか知らないのもゐることと思ふから、ここで簡単に説明して置くと、これは何か凡《およ》そ劣悪な植物らしいものから取つた油で、その味と言つたらない。ただで飲んでも、冷たくした番茶に浮かせても、或《あるい》はその他どんな方法で喉を通さうとしても全くやり切れない代物で、これがあつた為《ため》に子供の頃の記憶が必要以上に暗いものになつてゐる。そしてこれは腹を壊した子供が飲まされるもので、余りまづいのでこれを飲むといふ英雄的な行為の当事者であると思ふだけでも、もう直つた気がした。終戦の頃、カストリといふ飲みものと大分付き合つたことがあつて、酔つてしまふ前のその味が、このひまし油そつくりだつた。

次に、もう少し大きくなつてからの記憶に移る。その頃は家が落ちぶれてゐたのか、それとも少しはものが解《わか》るやうになつて、家が落ちぶれた家であることを漸《やうや》く認めるに至つたのか、どこかの海岸に面した町の小さな借家に、中二階も、温室も、ロオマ風呂《ぶろ》も、板前も、板前の下で飯ばかり炊いてゐるおさんどんも、鱧《はも》の牡丹《ぼたん》作りを作るのが専門の手伝ひも、長い廊下を渡つて膳部《ぜんぶ》を運んで来る御殿風の身なりをした女中もなしに、ひつそりと暮してゐた。併しそれでも三度三度の食事は誰かが拵《こしら》へてゐたやうで、この時覚えた珍味に豚汁があつた。

誰だつたのか、余り複雑な料理は出来ないので、専らかういふ簡単なものを手掛けてゐたらしいのであるが、この豚汁は要するに、豚と葱《ねぎ》と人参《にんじん》と牛蒡《ごばう》を適当に切つて汁にぶち込み、それで汁を作つたものに過ぎなかつた。併しその辺の豚がよかつたのか（又それならば、豚が安かつたのに違ひない）、それともこつちが海岸の空気に刺戟《しげき》されたのか、この豚汁はいつも滅法旨《うま》かつた。

今でも時々その、豚の白い脂身の所が熱でささくれて、汁一面に同じ豚の脂が光つてゐるる中に浮いてゐる所を思ひ出すことがある。脂身の脂はその殆《ほとん》どが汁に溶け込んで、汁が旨くなる一方、脂身は寧ろ鯨の脂を茹《ゆ》でたのに似て淡泊になり、親子丼やメンチボオルの他にも御馳走《ごちそう》があることを始めて知つた。そしてそれに付けても痛感するのは、我々が胃を強くしたければ、腹八分で止めて置いたり、野菜を沢山食べたりするよりも、何でも構はないから腹を空《す》かせて、せめてもう一度だけ豚カツなら豚カツを食べて死にたいと思ふことが大切だといふことである。

胃の中にはペプシンだつたか、クレオソオトだつたか、何かさういふ名前の液体があつて、これが空腹の時には多量に分泌され、そしてそれが大変な消化剤だといふことを聞いたことがある。胃の強弱はその消化力の如何《いかん》で決まり、このペプトンだか、ビニロンだかがさういふもの凄《すご》い消化剤なのだから、これが沢山あればそれで万事が解決する。そしてこれが沢山出て来るのは、腹が減つてゐる時なのである。従つて空腹を覚えさへすれば、胃は幾らでも強くなる。

そして腹を減らしては満腹し、又腹を減らしては満腹して強大な胃を作り上げるのには遠洋航海に出るのに限る。話は海岸の町で豚汁をもうお代りするのは止めなさいと言はれてゐた時代からもう少し後のことになるが、その頃は、日本からヨオロッパに行くのに、インド洋を通つて四十日掛り、船が横浜、或は神戸を出てマルセイユに着くまでは、ただ船に乗つてゐる他に別にすることはなかつたから、飲んで食べて寝ては又、飲んで食べて寝る客達の為に、船会社の方でも随分心を砕いたものだつた。

それで、朝目を覚すのにも、それから起きて顔を洗ふといふやうな平凡なことをさせずに、先《ま》づボオイさんが盆に紅茶とトオストを載せて入つてくる。これを飲んで食べてから、顔を洗ふなり何なりする決心をゆつくり固めに掛るといふ趣向で、それで前の日以来の、もう眼《め》を開ける気力さへも残つてゐない空腹が一応は凌《しの》げる訳である。併し愈々《いよいよ》身支度をすませて、甲板でオゾオンを充分に含んだ海の新鮮な空気に浸つてゐれば、とてもそんな紅茶とトオスト位のことでは我慢が出来なくなつて、船室に戻つて日本から持つて来た草加煎餅《せんべい》でも齧《かじ》らうかと思ひ始める頃に、朝の食事の銅鑼《どら》が鳴る。

これは、味噌汁《みそしる》に海苔《のり》、そしてその脇に生卵が一つ付いてゐるなどといふ貧弱なものではない。船では、その頃は日本の船でも、定食といふものはなくて、造本の用語で言ふと菊倍判位の、それが手拭《てぬぐ》ひだつたらば充分に顔が拭《ふ》ける大きさの献立の紙に、その食事で食べられる料理の名がぎつしり印刷してある中から、自分が欲しいものを選ぶのである。そして勿論《もちろん》、朝と昼と晩で献立がその度毎《ごと》に違つて、朝の食事でも馬鹿にならない。果物やオォトミイルが初めの方に刷つてあるのは月並であるが、その下に卵の料理が十種類ばかり出てゐて、その中に半熟、フライド・エッグス、ポオチド・エッグス、スクランブルド・エッグス、及び各種のオムレツが必ず含まれてゐる。又ベエコンとハムも必ずあつて、ハムは日本からヨオロッパに行く船は鎌倉ハム、又その帰りの船ではヨオク・ハムと断つてあつた。併しこれはまだ序の口であつて、卵の料理の後には肉の料理が続いた。朝の食事でも、ロオスト・ビイフ、コオルド・チキン、及びビフテキがあつて、そして大概はカレイライスもあつた。飲みものはコオヒイにインドの紅茶と支那の紅茶、パンも丸いのだの、四角いのだの、茶色のだのが何種類か用意してあつた。

これを全部食べる必要はない。まだその他に魚のフライとか、メエプル・シラップといふ楓《かへで》の木から取つた蜜《みつ》を掛けて食べるホット・ケエキとか、さういふ風な細々したものを付け落したが、幾らオゾオンで死にさうになつてゐても、第一、同じ卵で作つた料理をさう何種類も食べては、しまひには退屈する。併し例へば、船が既に香港を出たのならば、奇妙な匂《にほ》ひがする熱帯の果物で口を湿し、それからやがては着くヨオロッパに住んでゐる人間の習慣に敬意を表してオォトミイルを注文し、次にトオストの上に載つてゐてこんがり焼いたベエコンに取り巻かれたポオチド・エッグスに移り、その後でその日の小手調べにロオスト・ビイフか何か、肉の料理を一皿食べて見て、それだけではとても昼まで持ちさうでなかつたら、今度はカレイライスを頼み、その合間にパンにバタを付けた上にマアマレエドその他のジャム類を塗つて食べ、更にその暇にコオヒイ、或はインドか支那の紅茶を飲む位のことは出来る。

それに就《つい》て書いて置かなければならないのは、かういふことが出来るのも、船の上で、食堂を出てから後別に何もすることはないし、それで一時間でも、二時間でも掛けて、朝の食事をゆつくり楽む気になれるからだといふことである。食事をすませたら直《す》ぐバスに乗つて丸ノ内方面に通勤しなければならなかつたり、直ぐに机に向つて原稿を一刻も早く書き上げる必要があつたりすれば、胃はそれだけで収縮して、どうかすると半熟一つでもすむことになる。併し半熟一つが朝飯ならば、胃は退化し、ペプトンだかクレゾオルだかを分泌するのを止めて、昼ももり蕎麦一つで足りるといふ風な悲惨な結果を生じることは眼に見えてゐる。そしてそれでは、舌鼓を打つて食物を胃に送り、胃がでつぷり膨れ上る快感を味はふといふ、人生の楽みの大半をなすものを知らずに過すことは免れない。かういふ無《む》慚《ざん》な陸上生活を後にして、この辺で再び船の、人間の食慾を尊重した生活に戻りたいと思ふ。

朝の食事の後で、昼まで持ちさうもないといふ風なことを書いたが、船の上ではその心配は実際にはない。十時になると、又ボオイさんが盆に今度はスウプとソオダ・ビスケットを載せて甲板や談話室にゐる客に配つて廻《まは》つて、これが又なかなか旨いのである。スウプもビスケットも、あつてもなくても同じやうなもので、ただ口の中に入れれば味がするから、何となくものを食べてゐる積りになつて、それで水平線に薄く島影でも見えれば、自分がただ悠然とそこにさうしてゐる為に生れて来たのに似た感じがして申し分がない。そしてそれには、朝の食事をした時から既に何十分かたつて、その間に自分の血となり、肉となつたポオチド・エッグスや鎌倉ハムが手伝つてゐることは言ふまでもない。

そしてやがて昼の食事の用意が出来たことを知らせて銅鑼が鳴る。併しそれから先を書かうとして、実は考へてしまふのである。朝の食事の献立に出てくる料理が、ここで挙げただけでも二十何種類かに達するならば、東京の安料理屋でさへスウプと魚と肉と菓子位はある昼の食事が船の上ではどんなものか、詳述すればする程野暮つたくなる。要するに、帝国ホテルとアラスカとニュー・グランドの昼の献立を一緒にして、これにフォア・グラと千鳥の卵でも加へたものを想像すれば、大体の概念は得られるので、前菜から始めてコオヒイで終るまでに、昼も一時間半や二時間掛けても誰も文句を言ふものはない。船会社の方では、船客が航海を楽んでくれて、インド洋航路は退屈だから、この次はシベリア鉄道で行くなどと言はなければ、その頃はそれでよかつた。今日ではシベリア鉄道は閉鎖されてゐて（普通の外人の旅行客にはである）、誰もがその代りに飛行機で行き、飛行機の旅位、腹の具合を滅《め》茶《ちゃ》滅《め》茶《ちゃ》にするものはないが、これは幸に飛行機ではなくて船の話をしてゐるのである。

併しその話もそろそろ切り上げなければならない。朝から晩まで、さうして胃を鍛へてゐれば、人間はどの位健康になるかといふことが言ひたかつたまでで、それで一つ書くのを忘れてゐたことがあるが、この朝から晩までの山海の珍味は全部ただなのである。つまり、日本で払つた船の料金の中にさういふことが凡《すべ》て含まれてゐるので、これも胃を刺戟する上でかなり大きな働きをする。幾ら世にも珍しい御馳走でも、それが一皿千円もすることが解れば、殊にそれを知らずに半分食べてしまつてでもゐたら、胃はその途端に収縮して、それ以上の負担を受け付けなくなる（さう言へば、横浜からロンドンまでの一等船室の料金が、曾《かつ》ては丁度この千円だつた。尤も、当時と今ではその価値に多少の変化がある）。併しそれが五百円ならば、胃はまだ陸上生活並の活動を続けることが必ずしも出来ないことはなくて、あり得ないことではあるが、もし仮にそれが五円だつたら、これこそ世にも珍しい御馳走だといふ感じがするに違ひない。そして前にも言つた通り、船でする食事は凡てただなのである。

献立の上から下まで残らず食べるといふ記録を作つた船客があつたのも、幾分はこの点に惹《ひ》かれてのことだつたかも知れない。併し船の話ばかりしてゐる訳にも行かなくて、序《つい》でに、航海の途中で寄港した所に上陸して食べる御馳走のことも割愛する。もつと悲しいことを書かなければならないので、戦争中、或はもつと正確に言つて、昭和十七年の後半頃から我々銃後の国民が経験するやうになつた生活が胃によかつたか、悪かつたかは、なかなか面倒な問題である。一つはつきりしてゐることは、それが胃によかつたのであつても、さうして胃をよくしてゐるうちに餓《う》ゑ死《じ》にしてしまつたのでは何にもならないといふことであるが、死なずに今日まで生き延びたものもあるし、戦争中は皆腹具合が非常によかつたことは事実らしい。併しこれは又、頭が空つぽな人間は神経衰弱になる率が少いから、その精神状態は概《おほむ》ね良好であるとするのに似てゐて、当時の記憶を辿《たど》つて見ると、何だか腹の具合がよ過ぎていつも死にさうになつてゐた。胃をそれ程よくするのは、胃にとつていいことだらうか。

併しものを食べることの楽みを痛切に知らされたのは、確かに戦争の賜物だつたと思ふ。当時の米は、まだ今日程は質が落ちてゐなかつたといふこともあるかも知れないが、兎に角、白米に対する執着があんなに全国的なものになつたのは、天保の飢饉《ききん》か何か以来のことだつたのに違ひない。そして始終食べてゐるものを旨いと思ふのはいいことなのであつて、それがなければ、直ぐに米はどことどこのをどういふ割合に混ぜたのに限るといふ風なことになる。さうすれば旨いだらうし、それをまづいと思ふのも変であるが、これに限るといふことがあるだらうか。かういふ場合に、何でも食べられるのが貧乏人ならば、金持にはなりたくないものである。そして戦争中はじやが芋があればこれも悪くはないし、玉葱などといふものは全くの珍品だつた。つまり、旨いものは何でも旨かつた。

そしてそれが解らなければ、それ以上に旨いものを食べても無駄であつて、もつと具体的に言へば、それは何かの意味で胃にとつても悪いのである。どことかとどことかの米を或る割合で混ぜたものしか食べられなければ、これも一種の偏食で、本当にものを食べようと思ふ時に仇《かたき》を取られる。食べることを楽む人間は大食家であるといふブリヤ・サヴァランの言葉は、その点でも間違つてゐなくて、食べることが好きな人間は食べものの土台になつてゐる蛋白質《たんぱくしつ》とか、炭水化物からして好きな筈であり、それで何でも旨くて、又実際に食べるから胃も丈夫であり、沢山食べる結果になる。そして沢山食べれば、胃は鍛へられてこの美しい循環を断ち切るものは、死の他に何もない。だから、汽車に乗つて駅で売つてゐる弁当を旨いと思はない人間と、少くとも食べものの話はしない方がいいのであつて、人に食通と呼ばれたらば、これを恥と心得なければならない。

併しそれに付けても思ひ出すのは、海軍で送つた数ヶ月の生活である。腹が減つては戦が出来ないのは昔からの常識で、そして横須賀は言はば海軍のお膝元《ひざもと》だつたから、終戦の年にもまだ米には不自由してゐなかつた。それどころではなくて、食事毎に飯が余り、これを烹炊所《ほうすい》に返すのは体面に関することであり、それでそれを暇に任せて平げる仕事が下級兵に廻された。夜、皆が一応は寝静つた頃になつてからこの作業が開始されて、二等兵が各自の班の戸棚にしまつてある残飯と、鰯《いわし》か何かの吸ひものとおかず兼帯の料理を出して来て吊《つ》り床《どこ》の下で食べる。その他に、沢庵《たくあん》もあつた。食べても食べても飯も、おかずも、沢庵もあり、一心に食べては、合間に鰯の頭の所などを摘《つま》み、沢庵を齧り、又飯に向ふ。後は吊り床に戻つて寝るだけのことなのだから、慌てることはない。その上に、我々は班の体面を保つ任務を遂行してゐるのである。子供の時から色々とものを食べて、その為に死に掛つたこともあつたが、本当にものの味を覚えたのは戦争中の銃後、及び海軍での生活を通してではないかと思ふ。胃もそれで飛躍的に発達したと信じてゐる。その後、癌研《がんけん》の田崎さんに見て戴《いただ》いたりしたのは、あれは何かの間違ひだつたのである。

女房コック論

所謂《いはゆる》、食通が食べものに就《つい》てするお談義といふのは何か特別なもので、これはその道に精通した本ものの専門家の話とも違ひ、鮨《すし》を一つ摘《つま》むのにも、山葵《わさび》はインド直輸入の粉山葵を涙で溶かしたのに限るなどといふ講釈を聞かされると昔は腹が立つて、いや、台所のことは女房か料理人に任せて置けばいいんで、何も大の男が頭を使ふのにこと欠き、と反撃したくなつたものだつた。

誰だつてさうだらうと思ふが、可哀《かはい》さうに、食通であるといふ程度のことに生命を賭《か》けてゐる人間に向つてそんなことを言つては、相手の立場がなくなる。色々な点から見て、これはやはり、ああ、さうですかで引き下つた方が安全である。

併《しか》し腕利きの料理人が抱へてゐられる身分でなければ、そして又、自炊するのが面倒臭くて女房、或《あるい》はこれに類するものを持つ気になるとなると、食べる方のことも考へなければならない。我々が幾ら稼いでも、稼いだものがそのまま食べられる訳ではないので、これを先《ま》づ物品に換へ、次にそれを三枚に卸したり、軽く塩してざつと湯がいたりして、それでもまだレモンを薄く切つたのを添へて出します所までは行かないのである。

　それに又、軽く湯がくのにしても、色々と湯がき方があり、その他に塩の仕方、レモンの添へ方と考へて行けば、ラヂオで説かれる工程を一応はその通り実行に移しても、その果てにどんなものが出来上るか解《わか》らない。

　喉《のど》を通ればいい程度のことなら、何もわざわざ火を熾《おこ》さなくても、パンと缶詰だけでやつて行けて、そしてこれを二、三回やつてゐると、今度はパンも缶詰も喉を通らなくなる。それで、その湯がきなどする当人のことがどうしても問題になつて来る。

　どうもその第一の条件は、この当人が食ひしんぼうであることのやうである。例へば、カロリイ女房とも称すべき人種があつて、我々は占領時代の初期のことを思ひ出して寒気を覚えさせる。もう忘れたものも多いだらうが、当時は人間が餓《う》ゑ死《じ》にしないでゐるのに必要な最低の熱量は一日に一四四〇カロリイとかと計算されて、丁度、一日に一四四〇カロリイになるだけの薩摩《さつま》芋《いも》や玉蜀黍《たうもろこし》の粉が配給され、この計算は間違つてゐたらしくて、正直にその通りやつてゐたものは餓ゑ死にした。

　恐らく、瀕死《ひんし》の病人が死なずにゐるのにカンフル注射など以外に必要な熱量が一四四〇カロリイだつたのだらうと思ふ。併し兎《と》に角《かく》、このカロリイで行くやり方といふのは有難くないもので、仮に大御馳走《おほごちそう》の一人当りの熱量が一四四〇〇〇〇カロリイと出ても、今日のお献立はその一四四〇〇〇〇カロリイでしたからお腹《なか》が一杯になつたでせうでは、聞いただけでお腹が一杯になる。

ここで言ふカロリイ女房といふのは、さういふことを料理をする時の基本と今日でも心得てゐて、食べものの単位はカロリイだから、それでいいのだといふのではやり切れない。うどん粉を水で沢山飲み下しても、もつと旨《うま》い食べものと同じ熱量になるので、牛肉を砂糖と醤油《しやうゆ》でごてごてに煮ても、そのカロリイ価を計れば相当な栄養物だといふ結果が出て、これは凡《すべ》てカロリイの考へから生じる錯覚である。或は、かういふのを合理主義と呼ぶのだらうか。

要するにこれは、或ることに対する感覚がないから、何か他のものでその不足を補はうとすることなので、ないから仕方ないのだと謙遜《けんそん》するのならまだしもであるが、欠けてゐるものが感覚である為《ため》に、欠けてゐることにも気付かず、これで間違ひないのだと思ひ込んで益々《ますます》カロリイ料理に精進する。そしてそのうちに自分もラヂオの講座で放送するやうになることがあつても、その手並で食べさせられる方は助からないのである。これに対して、初めに引き合ひに出した食通のお談義に類することを口喧《くちやかま》しく言つて、何《いづ》れはその効果が現れるだらうと気長に待つ積りでゐるらしい亭主もゐる。確かに、喋《しやべ》るのはただであつて、失敗した所で大してもとが減る訳ではないし、何年も、何十年も、擂《す》りこ木で味噌《みそ》を擂る時はかう手を持つて来て、とやつてゐれば、感覚がない女房でも味噌の擂り方位は覚えるかも知れない。

併しこれは、レモンを薄く切つたのを添へて出しますやうなもので、レモンの切り方、味噌の摺り方が解つても、それで料理が出来ることにはならなくて、そして又、さう何でも知つてゐる亭主ならば、自分でさつさと台所に立つて摺りこ木を握るべきである。又、そんな暇はないといふのなら、お談義をやる暇もない筈《はず》で、ここで我々はもう一度、出発点まで戻つて来る。つまり、女房のカロリイ学も、亭主のお談義も駄目なことが解つた訳で、それに我々は初めからここではそんな高級な人種を問題にしてゐるのではない。従つて、素質が第一の条件になり、それが食ひしんばうであることは、ことの性質から明かである。もともと、かういふことに頭を悩ますのはこつちが食ひしんばうだからで、合ひ性の点から言つても、自分と同じ質《たち》の相手を求めるのは当然であるが、その人間に一生食べさせて貰《もら》ふのであることを思ふならば、これは合ひ性の問題どころではなくなる。

相手が食ひしんばうならば、勝負の半分はもう決つたやうなものでも、まだ安心は出来ない。さういふ女を見付けるまでには、こつちも或る程度は食べて廻《まは》つた筈であり、そして食ひしんばうであることを基準に探したのなら、相手が社長だとか、代議士とか、或は一流の板前さんの娘とは限らず、それでその教育にまだ不充分な所があるかも知れない。

或は逆に、社長その他の娘でその食慾《しょくよく》が親譲りのものであるとなれば、こつちがまだ食べなかつたものもそれまでに食べに行つてゐることもあり得る訳で、さういふ御馳走を女房にだけあり付かせてはふつて置く手はない。何れの場合にしても、女房を貰つたならば、それ以前にも増して出歩くことが肝要である。

これは結局は女房の教育、又延《ひい》てはこつちの口腹の足しになることであるから、出費を惜んではならない。尤《もつと》も、食べることが本当に好きなものが御馳走を前にして、それが御飯と梅干しよりももう少し高く付くこと、又それまでは一人前ですんだのが倍になつたことをさう気に病む訳がない。

それで、女房を方々連れて歩き、屋台店のおでん、焼き鳥から、もし懐具合が許すならば、一流の店の料理まで、大体、食べて旨いものがどんな味がするかを覚えさせるのである。

そして一流の店でも、本当に高いのは大概はまづいから、この点は大《おほい》に助かる。その女房がそれまでに食べもの屋をかなり覗《のぞ》いた経験がある場合にも触れたが、それでも屋台のおでんまで行つたかどうかは疑問であつて、何を食べたことがあらうと、御無沙汰《ごぶさた》してゐるうちに忘れてしまふといふこともあり、味覚はこれを働かせることで発達するのであつて、兎に角、連れて廻つて損することはない。

さういふことをやつて、どうして家で旨いものが食べられるやうになるかと思ふものがあるかも知れないが、これは一国に外国の文明が入つて来る形式と同じである。カステラが旨いと思へば、何れは自分でもカステラを作ることになるので、カステラを最初に食べて感動した時に、もうそれから先の苦労とその成果が約束されてゐる。

我々が同じ頃にビフテキや豚カツに就ても教へられなかつたのは残念であつて、もしカステラと一緒にビフテキや豚カツも日本に紹介されてゐたならば、今頃はもつと日本式に洗練されたこの種類の料理が食べられた筈なのである。それで女房にもなるべく早くから、言はばまだ肉が柔かなうちに色々と仕込んで置く必要があるので、河豚《ふぐ》の刺身から支那料理に至るまでの世界の味が染み通つてゐれば、パンの焼き方、味噌汁の作り方にもそれだけのものが出て来る訳で、こつちは爽《さはや》かな朝を迎へることが出来る。摺りこ木の講釈をする亭主や、パンの栄養価を説く女房と、さういふものを抜きにした爽かな朝を比べるならば、そこに野蛮と文明の違ひが窺《うかが》へるのである。

尤も、女房を連れて行つた料理屋で旨い澄し汁が出たから、それで家でもそれと同じ澄し汁が作られることになるといふやうなものでもない。料理屋と同じものが家でも食べられるのなら、何も料理屋に行く必要はないので、瓢亭《へうてい》の朝粥《あさがゆ》が毎朝家でも食べられることになれば、何れは自分の家の木口が悪いことにも気付き、さうすると普請をする、庭師を呼ぶで、折角の食事も楽めなくなる。

料理屋といふものには、こつちも多少は他所《よそ》行きの感じで出掛けるだけあつて、それを満足させる為の無駄なものが用意してあり、料理の旨さにも余分なものがある。併しそこはこつちの連れが食ひしんばうであることに信頼しなければならなくて、もし本ものならば、家庭に戻れば無駄なものは切り捨てるから、自分の家が瓢亭になる心配はない。

又もしさういふ気配が少しでも見えたならば、これはもう救へないことであるから、早い所別れた方がいい。又さうすれば、女の方でも次の嫁入り先を探すのに便利であるから、つまり、人道主義である。

要するに、家で料理をするものに旨いものを食べさせるのが目的なのであつて、料理屋はその一端に過ぎない。そして料理屋にあるものが旨いのだと思ふならば、こつちが救はれない状態にあるので、尤も、食ひしんばうがそんなことを思ふ訳がない。

例へば、汽車の駅で売つてゐる弁当といふものがあつて、女房を連れてゐる時でも何でも、これは是非買つて食べる必要がある。所謂、弁当に限らず、鮨でも、蕎麦《そば》でも、どんなものでも四角いへぎの箱に入れて駅で売つてゐるものには、他所では求められない魅力があつて、これには、一度に大量に作つて冷ますとか、へぎの匂《にほ》ひが移るとか、買つて汽車が動き出してから包みを開けると、他に食べるものがないから食慾がこれに集中するとか、理由は色々あると思ふが、兎に角、他のどのやうな方法でも真似《まね》られないものがここにあることは確かである。

従つて又、これが好きかどうかで食ひしんばうであるかないかが解るので、女房を決める前に、旅行をする時に家から弁当を持つて行くか、駅で買ふか、或は又食堂車に行くか、それとなく聞いて見るのも一案かも知れない。

尤も、食堂車に行くのは失格にはならない。外の景色が動くのを眺めながら食べるのは楽みなもので、これが好きな人間ならば素質がある。この頃の食堂車は料理の味が落ちて、昔の安食堂風の、これもどこか駅弁に似た趣がなくなつたが、それでもハムエッグス程度のものならば昔も今もさう違ひはしなくて、新婚旅行にでも行つたら早速これをやつて相手の意向、或は反応を確めるべきである（まだ遅くはない）。かういふ食堂車のハムエッグスの味が解る相手ならば、家ではもつと旨いハムエッグスを作る筈で、大体、ハムエッグスはどうやつて作るのか、こつちが知つてゐる訳がない。女がいつの間に料理といふものを覚えるのかは我々にとつては疑問であつて、恐らくは母親が真夜中にこつそり伝授か何かするに違ひないが、ここにも女房を連れて廻つて食べさせることの意味が見出《みいだ》される。つまり、摺りこ木の使ひ方を知つてゐる亭主などといふのは、――これは前に述べた通りであつて、我々にはそんな真似がしたくても出来ない。併し女はさういふ基本を一応は心得てゐるらしいから、後はこつちが色々に食べさせてやつて、この位のものならば、或は、もう一度この味をといふ気持を相手に起させればいいのである。

家で食べさせてくれるのは女房であつて、我々が銘々の家で過す時間は、原則としては一生の大部分であるから、その位のことはしていい訳であり、それにかうすれば、女房に勉強させるといふ名目で、こつちも御馳走にあり付ける。

それで、大事なことを一つ忘れてゐたが、女房に味の学問をさせても、その深さの程を示す機会を与へなければ意味をなさない。勿論《もちろん》、我々は皆忙しい身分であつて、原則はどうだらうと、昼間は家にゐないことの方が多いし、夜もゐないことがあり、寝て覚めて、朝飯も食べずに飛び出すのも珍しいことではない。それだけに、我々は偶に家にゐる時は一日六食主義を採用すべきである。

つまり、朝飯は解つてゐるが、これを早目に食べて置けば、午前十時頃には又腹が減つて来るから、そこで一度何か食べる。献立は相手の腕次第であつて、重過ぎて昼飯の邪魔にならない限り、どんなものでも構はない。パンを薄く切つたのにバタをぶんだんに塗り、いくらか筋子を載せて上からレモン汁をぽとぽと、ではラヂオ講座になるが、そんなものでも、もう少し凝つた所で、牛の肝を少し入れたマカロニ・グラタンでも、或は前の晩の煮染《にし》めかおでんが冷えたのに番茶が一杯でも、要するに、何かさういふものを作らせるのである（女房がゐない時は、面倒だからパンにバタを付けて海苔《のり》を巻いても旨い）。

昼飯は言ふまでもない。それからお八つであるが、このお八つに番茶と塩煎餅《せんべい》などといふのは、仮に食慾の面でそれで我慢が出来ても、女房の教育の為にそれでは甚だ心細い。それに午後といふのは、一日を区切る時間の中でも比較的に長い方に属してゐて、お八つから晩飯までにはまだまだあり、この大事な時に少しは腹の足しになるものを食べて置かなければ体が持つ訳がない。

地方出の女ならば、富山の鱒《ます》鮨、金沢の鰯《いわし》鮨、吉野の鮎《あゆ》鮨の作り方位は知つてゐる筈であり、かういふものはお八つに絶好である。或は、ロオスト・ビイフを二切ればかり、西洋山葵を薄く削つたのを添へて出すのもいいし、或はおこはでも、ロシア風の肉饅頭《にくまんぢゆう》でも、栄螺《さざえ》の壺焼《つぼや》きでも、少しもたれるやうで、それだけ食べれば大したことはないものならば足りる。

そしてそのうちに晩飯になり、折角、一日家にゐるのであるから、そのまま寝てしまふことはない。従つて夜食がどうしても必要になり、これは一日で最後の食事であるから、もつと腕を振ふ余地がある筈であつて、かういふ場合に方々での見学がものを言ふ。そして我々は満足する。

かういふ風にして置けば、我々が仮に家から何万マイル離れてゐようと、家に帰れば旨いものが食べられることが解つてゐて、それで安心して他所の土地のまづい料理に異国情緒を見出すことも出来る。

それには、これだけの手間を掛けなければならないのかと思ふものがあるならば、その人間は本当の食ひしんばうではないのであつて、近所の蕎麦屋から天麩羅蕎麦でも取れば足りるのであるから、女房など貰ふ必要はない。そしてそれも確かに一見識である。

父の想い出／早過ぎた雪見酒

吉田暁子

父からは、有り難くないことも含め、有形無形にいろいろ受け継いだようだが、酒への適性は父からの良い贈物だ。やたらに凝らなければ酒という楽しみは贅沢《ぜいたく》ではないし、自分に合った量をあまり越えないようにしていれば、身体にも精神にも酒は良いもののようだ。「ようだ」というのは、私の場合私の精神に酒が良い働きをするのは確かなのだが、身体には、はっきりと或《あ》る効果があるのとは別に、いつも良い飲み方をするわけではないので、知らぬ間に身体に悪い結果を残しているかも知れないからだ。

「いい日本酒ほど水に近い」とは父の名言と言われているらしい。父がそう言っていたのはよく憶《おぼ》えていて、最初にその言葉を聞いた時からいつも、それは全くその通りで、色も味も水のように何気ない日本酒ほど高貴な酒はないのではないかと思っている。そして、よい日本酒が水に似ているということには異論が起りにくいように思われ、父の前にも同じことを言った人はきっといただろうと思う。

葡萄酒《ぶどうしゅ》、コニャック、ウイスキーなどを父と二人きりで飲んだことは何度もあるが、残念なのは日本酒を父と差しで飲んだのは記憶では一度しかないことだ。今、時々一人で、大抵は深夜、延延と盃《さかずき》を重ねることがあるが、その時とかく思いを馳《は》せるのは、毎年十一月に酒田と新潟を続けて訪れ、お決りの宿でいわば一人で、日がな一日盃を傾けていた父のことである。一人で飲み始める時冷や酒は手軽だが、父は夏でも燗酒《かんざけ》だった。冷や酒も私は嫌いではなく、写実的な意味で水に近いが、程よく燗をした酒は口当りが軽く、また円く、そういえば、ミネラル・ウォーターに比べると冷や酒に対する燗酒のような、或る軟水の名水があった。

父が酒について言ったことでもう一つ、これも父だけが言ったわけではないだろうと思うが、飲み続けていると頭が冴《さ》えてくるというのがある。雑然とした頭の中が収まって、蛇行する川の流れのように想念が流れ始め、その流れにしっかりと乗っている自分が感じられるようになる。私が、生きている限り酒を飲みたいと思うのは、飲んで人と居る時も、飲んで一人で居る時も、その「居る」ということと自分が全く一つになるからだ。

一度だけ父と差しで日本酒を飲んだのは、私が二十代の前半の頃だと思う。東京に大雪が降った翌日で交通事情がいつもと違っていたその日、父が何かの用事で、タクシーは拾えなくともともかく出掛けてくると言った。当時の私は雪が降ればいつも大喜びだったが、父について行って雪の東京をしばらく歩きたいと急に思いついた。誘われもしないのに父の外出について行きたがったことはそれまでなかったと思うが、父はあっさり「いいよ」

と言った。タクシーはやはりなくて新橋行きのバスに乗ると、乗りつけないバスの座席に、両隣りの客に大きな体を挟まれて腰掛けている父は居心地が悪そうだった。バスを降りて父がどんな用を済ませたのかは全く憶えていないが、最後に何と、父は当時銀座にあった「辻留《つじとめ》」に行こうと言った。私は普段着の上にコートを着ただけで来ていた。嬉《うれ》しくはあったが、「辻留」で素敵な一時を過すことには半信半疑で私は父に従った。たしか、店の先代、辻嘉一《つじかいち》さんが迎えて下さったように思う。すぐお銚子《ちょうし》と盃が運ばれてきた。お料理も一品ではなかったようだ。父の優しい笑顔は憶えているが、二人でどんな話をしたかは思い出せない。私は一時を楽しむよりも、こんな好運もあるのだということに気を取られていたような気がする。若過ぎたのかも知れない。

父が逝って二十六年になる。生きていてくれて、二人ともくつろいだ晩、父と差しで飲み明したかった。

初出「ぷりいず」二〇〇一年一月号

（よしだ・あきこ／随筆・翻訳家／吉田健一・長女）

本書は、底本として集英社版『吉田健一著作集』を使用した。また新潮社『吉田健一集成』、講談社文芸文庫『三文紳士』『英語と英国と英国人』『時間』、中公文庫『私の食物誌』、ちくま文庫『英国に就いて』を適宜参照した。漢字は原則として新字体に改めた。

※なお、本書は文庫オリジナルのグルメ文庫を、ハルキ文庫の新装版にしたものです。

Haruki Bunko
ハルキ文庫

よ 14-1

旨《うま》いものはうまい（新装版）

著者　吉田《よしだ》健一《けんいち》

2004年10月18日第一刷発行
2024年10月18日新装版第一刷発行

発行者　角川春樹

発行所　株式会社角川春樹事務所
〒102-0074 東京都千代田区九段南2-1-30 イタリア文化会館

電話　03(3263)5247(編集)
03(3263)5881(営業)

印刷・製本　中央精版印刷株式会社

フォーマット・デザイン　芦澤泰偉
表紙イラストレーション　門坂 流

ISBN978-4-7584-4673-0 C0195 ©2024 Yoshida Akiko Printed in Japan
http://www.kadokawaharuki.co.jp/［営業］
fanmail@kadokawaharuki.co.jp［編集］　ご意見・ご感想をお寄せください。

開高健の本

新装版　食の王様

シャンゼリゼ大通りでとびきりのフレッシュフォアグラを頬張り、ヴォルガ河のキャヴィアを食べ、ベトナムの戦地でネズミの旨さに仰天する。世界を股にかけた酒飲み修業で、ビール、ワイン、ウイスキーなど酒という酒を飲み尽くす。己の食欲に向き合い、食の歓びと深淵を探る。旅に暮らした作家・開高健が世界各地での食との出会いを綴った、珠玉のエッセイ集を新装版にて刊行。

ハルキ文庫

山口瞳の本

新装版　酒食生活

師匠を追いかけて訪れた浅草「並木の藪」で頼むのは、鴨なんばんのソバ抜き・通称「鴨ヌキ」。女将のたねさんが笑顔で運んでくれた、祇園「山ふく」の雑《ま》ぜ御飯。こだわりと人情で彩られた、日本各地の行きつけの店と、食にまつわる礼儀作法、そして今は亡き人々の温かい記憶。とっておきのグルメエッセイが、新装版として復活しました！

〔解説・嵐山光三郎〕

（新装版解説・白央篤司）

ハルキ文庫